Mónica Fernández-Aceytuno

Las 104 palabras
más hermosas de la Naturaleza

Diccionario Aceytuno

El silencio
es el lugar
donde nacen
las palabras.

*Para mi nieta Gabrielle,
la más hermosa.*

Índice

1
abedul

m. Árbol ligero y esbelto, de tronco blanco, ramas finas y temblorosas hojas caducas.

Incluso de noche ¡qué blanca es la corteza del **abedul**!

*

Me asombraron, por el camino de Santiago, los **abedules**, cuando salíamos a oscuras y el suelo brillaba con el hielo; el cielo con las estrellas. Sus troncos refulgían como si estuvieran pintados de blanco. Sus ramas nuevas, al amanecer, aparecían violetas, entre el frío. En una casa de aldea, sobre troncos de abedul, colgaban a secar los lacones, entre el sol y la piedra. La primera pasta de papel que se hizo para la Prensa estuvo hecha de abedules, para no escribir de ellos. Me gusta cómo pasa el tiempo en el campo, dejando a su paso las frases y las comas y otros pájaros de la escritura. Quienquiera que escriba de la nada, que a lo mejor es un todo, debería vivir de esta manera, pendiente de las cosas que pasan por detrás de los sucedidos. Del fondo nevado del que emergen los abedules de corteza tan blanca como la esperanza de lo que aún no está hecho, ni escrito. Feliz 2015.

ABC, sábado 27 de diciembre de 2014

2
abejaruco

m. Ave con el arco iris en las plumas y el sol del ocaso en los ojos.

Hace tan sólo unos días que pasaron los **abejarucos** por encima del monte Hacho, en Ceuta. Llevaban el pico completo después de haber perdido casi la mitad con la excavación del túnel que les sirvió de nido. A pesar de elegir terraplenes blandos, un nido da mucho que hacer y el pico se gasta. Son túneles que a veces sitúan en los taludes ferroviarios, y donde el ruido del tren se apaga, porque puede llegar a ser tan profundo como cinco metros. Y tiene que ser recto para que, desde el fondo, donde está el nido, se pueda ver el cielo. Un nido perfecto. Les va la vida en ello, por eso no hay desidia. O puede que en estos pájaros de colores viva aún el amor al trabajo bien hecho y, cosas de la Naturaleza, el pico que recuperan antes del viaje es su recompensa. Con el pico nuevo se fueron los abejarucos el otro día; y con ellos, los colores y el amor al trabajo bien hecho.

Cambio 16, 1994

＊

Me hace gracia que los **abejarucos** prefieran las ramas secas de las encinas, por estar más despejadas de hojas. También les gustan mucho, como a las golondrinas, los cables de la luz y del teléfono; y los candiles, sin vida, de las astas de los gamos y de los ciervos.

aceytuno.com, 7 de agosto de 2009

3
acirate

m. Loma que separa los cultivos donde sobreviven las plantas silvestres.

Se asoman los gamones a los caminos y al pasar nos saludan con su mano blanca llena de flores.

Dicen los agricultores que es el gamón "la llave del año" ya que, si sus varas emergen de la oscuridad de la tierra cuajadas de flores blancas, ese año, será un buen año agrícola.

Tal vez por todo lo que ha llovido, y sigue lloviendo y granizando y nevando, hay tanto gamón este año. Es una de las flores más corrientes por los caminos, en los ribazos, **acirates**, y en las cunetas que dan al río, cuando desde lo alto miro el molino de agua de Roibeira, que no da abasto aunque tenga todas sus compuertas abiertas, para el agua que ha caído, hacia el mar, este año del cielo.

La planta del gamón, estamos hartos de verla aunque no la reconozcamos, porque se eleva por encima de las otras, y aunque de sus flores se podría decir que son bonitas, distribuidas por la vara hacia lo alto, cuando nos fijamos en ellas veremos que tienen unas líneas de un ocre muy oscuro que hace que no sean del todo blancas y tal vez por ello no del todo hermosas, además de percibir al acercarnos, esa sustancia que desprenden llamada asfodelina y que rechazan los animales y lo que hay de animales irracionales todavía en nosotros.

De ahí que a los gamones los miremos un poco de lejos; no como si fuéramos a comerlos, sino como si algún antepasado hubiera intentado alimentarse de ellos y ese recuerdo de lo que no se debe comer, persiste, como un aprendizaje de lo que hemos olvidado, a pesar del tiempo transcurrido.

La especie de gamón que se da cerca de mi casa en la aldea, es *Asphodelus albus*, y no me acuerdo de él en todo el año hasta que, al llegar mayo, se asoma y se cimbrea con el viento cuando paso, como si me saludara para decirme que será bueno este año.

Y aunque nuestra vida sea más incierta que la de estas flores que salen cada primavera, me ha gustado comprobar que han florecido profusamente los gamones, de los que hubo tantos que hay lugares en las ciudades que se llaman gamonales, aunque estén todos bajo el asfalto, queriendo salir aunque no puedan, a un mundo que ha dejado de esperarles, aunque nos trajeran buenas nuevas.

Este año 2018, al menos para los agricultores, según la profusa floración de los gamones, será un buen año.

Y quién sabe si para todos.

republica.com, martes 1 de mayo de 2018

4
agua

f. Cuna de la vida.

Me traje de mi casa en Galicia unas ramas de magnolia con las flores cerradas, entre sépalos tomentosos de un verde claro. Ya en Madrid las puse en un jarrón y han empezado a abrirse. Su raíz no es la tierra, sino el **agua**. Como la raíz de toda la Naturaleza.

*

Queridos lectores: Oigo los pasos de **agua** de la lluvia. Todavía estoy en Galicia. Ha cambiado el viento a sur y ya no hace tanto frío como ayer pero aún es de noche; una noche muy oscura. No tenemos casi nada para desayunar. Ayer limpié la nevera. Cuando la apagas, como si la casa entrara en hibernación, hay que irse. Parto una naranja y caliento el café de ayer y hago pan tostado. Por poco que sea, todo empieza a parecerme un lujo. Comienzo a mirar las cosas de otra manera. Y a escribir más, como si las palabras me protegieran igual que una mosquitera. Queremos llegar a comer a Urueña. Tal vez tengan libros del Congo, como el de Javier Reverte. Sus frases poseen la tenacidad de la lluvia: "Sin ir al Congo, nadie puede decir de una manera justa que conoce África". Canta un mirlo. El año ha comenzado. Lo extraordinario no es ir sino poder escribirlo.

Cartas del Congo (1)
ABC, sábado 9 de enero de 2016

*

La playa del Trece, "O Trece", es la playa que más me ha impresionado en toda mi vida.

No creo que vuelva a estar ante algo parecido a lo que vimos el fin de semana pasado, tras una más que agradable comida en la "Casa do arco", en Laxe, y un paseo por su playa de arena blanca y fina y delicada como una porcelana.

Después, nos fuimos hasta un lugar que no podía ni imaginar que me fuera a conmover tanto. Hacía un día precioso, la verdad, uno de esos días de septiembre gallego, donde luce un sol que es una verdadera delicia, mientras cae la gota fría por otros lugares de España. No suele hablarse de septiembre en Galicia. Del color gris estaño de las rías, cuando se calman, o del azul profundo del océano y sus olas tan blancas, mientras una luz melar va cayendo sobre las cosas llenándolas de dulzura, dotándolas de un color miel que vuelve todo irreal y a la vez muy verdadero.

Con esta luz llegamos al "Cementerio de los Ingleses", donde reposan el capitán, los oficiales y marineros del "Serpent" que encalló en los bajos de esta ensenada del Trece la noche del 10 de noviembre de 1890. Sólo sobrevivieron 3 de los 176 tripulantes. Y hubo 31 desaparecidos. De alguna manera, sus almas, y las de todos los que naufragaron en esta costa de la muerte, parecen estar ahí, entre la luz, las olas, y los brezos florecidos por las rocas.

¡Cuántos brezos distintos! Se diría que estuviéramos en Escocia, donde nunca he ido, pero que siempre he imaginado con estos verdes y estos fucsias y estos acantilados, aunque ahora no sé si llegaré a ir porque creo que no puede haber nada más hermoso que esta playa de O Trece, y toda la ensenada, salpicada de piedras rotas en vertical como si cada ola fuera el martillo de un cantero. Por la montaña del monte Branco, sube una duna rampante, de la que dicen que es la más alta de España, lo cual da lo mismo, porque sin lugar a dudas es la más hermosa y no se entiende que puedas acceder a ella y a todo este entorno sin que te detenga nadie.

Sólo el viento, subiendo la arena al monte, debería poder atravesar esta playa.

Tuve una sensación parecida cuando en Guatemala pudimos acercarnos tanto a un volcán que quemamos un palo que nos dieron los niños que nos habían guiado hasta la lava a caballo. No había ningún control, ninguna seguridad.

La seguridad en este caso, sería para proteger un lugar así.

¿Cómo hacerlo para siempre?

Yo misma sé que hago mal escribiendo de él.

Por eso temo hablar de la belleza porque ya no existe si no es hecha trizas, y aquí está, aún, el Paraíso entero, que casi deberíamos contemplar a través de un cristal, de lejos, sin poder acceder a él, ni siquiera haciendo senderismo, para no estropearlo, mientras el aire del océano te llena los pulmones y te revuelve el pelo, llenándote de ganas de vivir porque aún quede un lugar como éste en el que empezar de nuevo a creer que no todo está perdido.

Se da todavía por aquí una planta en peligro de extinción que cubrió un día casi todo el litoral gallego.

Su nombre, caramiña (*Corema album*), da varios topónimos a esta costa.

Sus frutos, blancos y redondos como perlas, calmaban la sed de los marineros, al estar llenos de **agua** como las lágrimas.

Por si acaso, no sigo escribiendo.

republica.com, lunes 9 de septiembre de 2019

5
aire

m. Aliento del cielo.

La casa de los pájaros no es su nido. El nido es sólo la cuna y el **aire** es toda su casa. Un aire que se reparten con cantos y reclamos, como si cada nota fuera un ladrillo y el canto una valla.

Cambio 16, lunes 20 de noviembre de 1995

*

Hay que dejar de escribir: "Salvad la Tierra", el planeta que ha dado vueltas de mil maneras, con y sin aire, caliente y helado, con vida y sin ella. Salvad a la Humanidad, que no tiene agua potable, mares azules, suelo fértil, **aire** puro; ni árboles que dulcifiquen su carácter.

ABC, lunes 28 de agosto de 2002

*

La palabra desciende al barro del papel, como una golondrina recién llegada, si escribo lo que pienso, lo que juzgo. Resulta difícil para mí mantenerla así en el **aire**. Que la palabra jamás se pose, como un vencejo, de un pensamiento a otro.

ABC, miércoles 9 de marzo de 2011

*

Estos días, por la mañana, huele a humo de leña la chimenea como si estuviera encendida, quizás por el **aire** cálido que se está acumulando en el tiro. También, cuando talan los árboles, vuela el olor de la madera, ligero como un espíritu.

ABC, domingo 10 de abril de 2011

*

La mudanza la hicimos con Gil Stauffer. Nos pusieron un tráiler que, al igual que la luz del Sol por el espacio, se detuvo en las hojas de un emparrado. Cubrían los pámpanos el camino, a unos trescientos metros de la casa. Mis vecinos salieron de los campos donde sembraban patatas. Recuerdo un carro rojo. Los tractores. Los colchones al **aire**. A José diciendo a los transportistas que le dejaran a él las sillas de mimbre. Recuerdo la felicidad de aquel día. El salón lleno de gente. Un hijo en brazos. Hubo dos bautizos: del niño y la casa. Don Vicente exclamaba "¡qué buenos armarios!" y les echaba agua bendita. La bendición fueron mis vecinos. Ni con el incendio que vendría después, me dejaron sola. Los que faltan viven todavía hoy para mí en el paisaje. Los accesos han mejorado. Abrieron una carretera por encima de la vía del tren y asfaltaron ya varias veces la sombra de la parra.

ABC, sábado 23 de julio de 2016

6
alebrarse

Echarse al suelo quedándose inmóvil como los lebratos o crías de la liebre.

Ha encontrado Joaquín a dos lebratos con los ojos cerrados en una misma cama, cosa rara, pues la liebre suele dejar a sus crías, una a una, en sitios distintos para repartir el riesgo de que sean localizados por sus predadores.

ABC, miércoles 31 de marzo de 2010

7 álula

m. Pluma o grupo de pequeñas plumas que sustenta a la aves cuando reducen la velocidad para que no entren en pérdida.

El **álula** es un grupo de plumas que parecen ramitas. Sirve a las aves para detenerse en los brazos del viento y no caerse bruscamente como por un barranco. Es lo que nos gustaría tener para que la vida fuera más despacio.

ABC, martes 26 de abril de 2011

8
amanecer

m. Salida del Sol tras la curva de la Tierra.

Escribo a las cinco de la mañana, mientras la casa duerme todavía y están todas las puertas cerradas, y todos los cristales oscuros. A esta hora suelo escribir cada vez que llegan las mareas equinocciales y hay que salir a la costa para ver unas algas que sólo se descubren en estos días en los que el horizonte tira tanto del agua, que se producen mareas de cuatro y cinco metros. El resto del año, estas algas viven totalmente sumergidas, pero hoy, estarán descubiertas de olas y, al mirarlas, tendré la sensación, sólo por unos segundos, de estar buceando en el aire. Delante de ellas, se ve ahora uno de los paisajes más espectaculares que se pueden contemplar en una costa rocosa del Atlántico o del Cantábrico: toda una sucesión de algas distintas que, como los pisos de vegetación de un bosque, producen franjas de colores que van desde la roca desnuda hasta el agua, dibujando escalones verdes, rojos, dorados, y de olores nuevos; cada alga en su sitio; en el lugar preciso para olvidarse del agua un rato todos los días, una semana, o unos segundos al año.

Pero no es el mar, sino la propia vida, la que dibuja estas franjas que parecen estratos de una montaña abierta, una tarta de varios sabores. Cada ser vivo no está donde quisiera estar, sino en el único lugar en el que tiene alguna posibilidad de salir adelante y, donde no está, puede que haya estado antes, pero antes de su fracaso en ese espacio. De ahí que la vida sea tan fuerte en su permanencia y, a la vez, tan frágil al depender de algo que se mueve y que cambia: la circunstancia. Sin embargo, no deja de sorprenderme ese afán de ensayo, de intentarlo una y otra vez, que hay en todo lo que nos rodea. Desde aquí, ahora mismo, cuando todavía es de noche, oigo la canción de un pájaro que tal vez es un ruiseñor empeñado en cantar a todas horas para alejar a otros pájaros de su hembra: no ha dejado de crear música en toda la noche. Salgo y, al abrir las contras, se me queda en la mano una especie de arena finísima con el tacto de la harina, y que es polen de pino.

Puede haber llegado volando como un ruiseñor desde cualquier monte, porque el polen de pino, a pesar de su pesadez –suponiendo que se pueda llamar pesado a un peso que se cuenta en nanogramos- dispone de unos sacos aéreos que aumentan su superficie y le permiten recorrer cientos de kilómetros de forma pasiva, arrastrado por el aire, como un papel abandonado en una calle. Tiene gracia que nos empeñemos en llamar polen a otras cosas que no tienen nada que ver como, por ejemplo, las semillas del chopo cuyas borras algodonosas llenarán el aire y las aceras de las ciudades en los próximos días. Cada vez que esto sucede, se llama polen a lo que es semilla; algo así como si se la llamara fruto a la rosa, o tronco a la hoja; y, sin embargo, el aire no se quiebra por ello, ni por nada: la vida va siempre a lo suyo, que es seguir viviendo.

Y es un pasar el tiempo, porque ya **amanece** y los campos de grelos se han iluminado de una luz y de unas flores que hasta hace un instante eran oscuras. Puede que esté hecho así todo, con una suerte de melodía rara que se desliza con la luz y con el tiempo; y luz, flores, ruiseñores, árboles, algas, sólo quieren que los atienda como a los niños que acaban de despertarse y tiran de mí, como tira el horizonte del mar, para que los escuche con los ojos.

Blanco y Negro, abril 1999

9
árbol

---

m. Estructura vegetal leñosa que eleva el agua al cielo.

"Et les arbres, qui les regarde?
La lumière n´a pas de spectateurs"

("Y los **árboles**, ¿quién les mira? / La luz no tiene espectadores")

Auguste Rodin en "Éclairs de pensée" ("Relámpagos del pensamiento")

Veníamos hablando de esto, justo antes de leerlo poco después.

Conversaba con mi hijo mayor sobre la capacidad de recreación que poseemos, en ocasiones sin saberlo, las personas. Cómo no somos capaces de crear de la nada ni la más diminuta hoja, pero sí de pintar un amanecer con el alma atrapada entre sus ramas.

No somos creadores.
No somos dioses.
Somos recreadores.

Por eso nadie mira durante horas un árbol, pero sí una obra de arte con un árbol pintado.

Llamó su preciosa mujer Flora cuando estábamos desayunando y, dejando el café y una tortilla de jamón a medias, salió mi hijo de inmediato hacia el hospital, siguiendo el hilo de su corazón que es hoy más fuerte que el acero porque está hecho de un amor luminoso, alegre, artístico, verdadero: Eterno. Una obra de Arte que no se cansará nunca de mirar. Pura belleza.

Mi marido y yo nos quedamos en la mesita redonda bajo un cielo muy azul y un sol también redondo como sería el día. Acabamos la tortilla ajena y nos fuimos dando un paseo hasta el Museo Rodin que estaba cerrado. Era domingo. Abrían a las diez, por lo que seguimos paseando. Creo que pocas cosas me gustan más que deambular por París. Con lo que tiene de significado este verbo, sin ir a ninguna parte, casi bamboleando, porque más que caminar, navegas, ya que tus pasos ni los notas, se deslizan sin esfuerzo, sostenidos por la mirada en cada detalle de una puerta, de una ventana, el escaparate azul de una librería, un pequeño hotel de toldos verdes donde desayuna una familia, la paz del domingo por la mañana, la luz del sol trazando líneas rectas y oblicuas, triángulos de luz sobre las fachadas, aún más doradas, del color de la tierra.

De vez en cuando una placita, un árbol, un patio, un banco, un portal, una verja.

Silencio.

La ciudad de pronto me parece también Naturaleza, piedra, cielo, sol, agua.

Y al fin el museo, recién abierto, sin nadie.

¿Por dónde empezar?

Tres hectáreas de jardín, de tilos con sus lengüetas aún colgando, doradas entre el verdor de unas hojas perfectas, acorazonadas. "El pensador" en la entrada y más allá, anémonas rosadas, y rosas septembrinas, inocentes, recién nacidas, y setos de boj y un camino verde y ancho, despejado, que es pista de aterrizaje para la mirada hasta el horizonte de la ciudad, donde la vista también descansa subiendo y bajando las escaleras del perfil de los tejados y de todas y cada una de sus chimeneas de arcilla que parecen las letras de un libro, bailando y a la vez quietas, escritas y talladas sobre las tablillas de las primeras escrituras.

Están llenas de gracia estas chimeneas rojas como los ladrillos.

¡Ojalá hablaran!

Nos contarían en susurros, con voces ligeras como el humo, las intrahistorias de esta ciudad llena de Historia.

Al fin entro en el museo y me sucede lo que sólo recuerdo que me haya ocurrido una vez en otro museo cuando vi por vez primera a Sisley, y esos caminos que no se ve dónde acaban, como tampoco se ve el rostro de las personas que hablan, pintadas, por encima de una valla, mientras, de pronto, yo tampoco veo nada ni pienso siquiera porque el pensamiento también se empaña y no puedo dar ni un paso ante el bloque de mármol blanco, pero no por la parte dulcemente tallada, sino por el encuentro entre lo que se ha tallado y lo que se ha dejado en bruto, algo parecido al efecto de una costa, entre la roca del acantilado y la ola que no te cansas de mirar chocar contra la piedra, o llegar a la playa, haciendo un sonido que parece repetido pero que es distinto en cada ola; así la mirada sigue ese encuentro de lo que hizo la Naturaleza y que está allí, tal cual, y lo que hizo el escultor, unidos en una misma creación.

¿Qué sé yo de escultura?

Nada.

Pero en este museo pude ver que se puede recrear sobre lo creado, no ya sólo en el pensamiento, como había venido barruntando hasta entonces, sino con la misma materia arrancada de las entrañas de la propia Naturaleza.

"El secreto", "La catedral", "El beso" donde me quedo a los pies y con los pies de una bella mujer de piedra blanca que flota con los pies sobre el mismo mármol del que surge su figura.

Haciendo aguas, por un cristal antiguo de una ventana que alcanza el altísimo techo desde el suelo, se asoman las hojas de un tilo, y la luz de la mañana.

republica.com, lunes 3 de septiembre de 2018

ardora

f. Bioluminiscencia marina, en general azul y fosforescente, que producen algunas especies de dinoflagelados con cualquier movimiento del agua, ya sea el provocado por un remo, o por un banco de sardinas. También recibe la denominación de ardentía.

Ya hay sardinas. Ya han empezado a salir los marineros a la **ardora**, a esa agua que arde y que brilla en la noche y que hierve en los cardúmenes de sardinas como si soplara una ventolina, o como si fuera a dar allí el aliento de un gigante.

ABC, 13 de abril de 2010

11

arrendajo

m. *Garrulus glandarius.* Córvido sembrador de bosques silvestres. Entierra bellotas que germinan. De voz gárrula, alerta al resto de especies de nuestra presencia. Es imitador: arrendajo: arremedar: remedar: imitar.

En el lienzo de Velázquez de los santos Antonio Abad (San Antón) y Pablo Ermitaño, se ve a un cuervo volando hacia la tierra con un pan en el pico. El paisaje es, en este cuadro, el gran protagonista de la escena, junto con ese cuervo oscuro y luminoso, llevando el pan a los dos eremitas.

Pero yo no he venido aquí para hablar de los panecillos de San Antón, sino del cuervo que le llevó el pan a nuestro Santo hace mil setecientos años, y que es igual a los cuervos que vemos aún por nuestros campos. En realidad, a un cuervo se le puede encontrar en cualquier parte del mundo: desde el desierto del Sáhara, siguiendo a las caravanas de camellos, a los roquedales nórdicos, donde aguanta temperaturas bajo cero, incluso en el ártico, en el polo norte, hay cuervos de los que cuentan historias los esquimales, algunas realmente curiosas y que nos dan idea de la inteligencia del cuervo, muy superior a otras aves, aunque desde siempre se haya considerado al cuervo, quizás por su color o por llevarse el trigo de los campos o por volar alrededor de las ovejas que están a punto de parir (no por el recental, sino por alimentarse con la placenta) como ave de mal agüero.

Se trata de una vulgar creencia que se ha mantenido hasta nuestros días, y ya Plinio recoge que estas aves son seres de mal presagio. Tiene gracia la forma en que la literatura popular de alguna de nuestras regiones hace distinción entre dos córvidos: la urraca, que es esa ave pía, blanquinegra, que vuela por nuestros encinares, incluso en nuestros parques, expoliando los nidos de las aves pequeñas; y el cuervo de los campos. Al cuervo lo clasifican como ave del infierno, y a la urraca, blanca y negra, del purgatorio.

Pero antes de continuar, ya que he mencionado al grupo de los Córvidos, donde no todos son completamente negros, como la propia urraca, o el precioso **arrendajo**, blanco, negro, azul y canela, el gran repoblador de los robles al pasar el invierno escondiendo bellotas; vamos a concretar que el cuervo al que nos referimos, la especie que llevó el pan al Santo, es el *Corvus corax*, negro como el carbón, como la oscuridad de una cueva; negro es el pico, los ojos, las patas y las plumas; y las alas, al abrirlas, tienen una gran envergadura de más de un metro, que es casi como si se abriera paso en el día, una noche sin luna. Casi nadie se ha fijado en lo grandes que son los cuervos porque casi siempre los vemos de lejos, en los maizales, o volando hacia un pinar, pero de cerca es un ave que asusta por su grandeza y su fortaleza. Y su inteligencia, ya lo hemos comentado. El cuervo es capaz de hablar nuestra lengua, como un loro. Todavía en las aldeas de Galicia hay niños que capturan los pollos para amaestrarlos y repite el cuervo con su voz de pájaro, con sus voz quebrada de cuervo, las palabras de su dueño. Al pobre cuervo, no sólo lo hicieron feo, sino que ni siquiera lo dotaron de una voz hermosa, y más que cantar, o piar, grazna como un ganso, de ahí el nombre onomatopéyico que le dio Aristóteles: Korax: "korax, korax, korax" dice el cuervo volando. Pero estábamos hablando de su inteligencia, y estábamos en el campo, donde el cuervo y los hombres mantienen diálogos sin palabras. Así como otros pájaros no se acercan a los maizales en cuanto notan que hay hilos cruzando la tierra, o espantapájaros, o la última moda que es poner bolsas volanderas de colores repartidas a un metro del suelo; el cuervo se atreve con todo menos con una cosa, que siempre funciona y que no tendría efecto en otros pájaros: y es que disparan a uno de ellos y colocan la pieza en lo alto de un palo, y los cuervos comprenden el mensaje que les lanza el hombre sin palabras, y no se acercan.

Este lenguaje entre el cuervo y el hombre lo han sabido aprovechar mucho mejor los esquimales del ártico. Allí el cuervo, el *raven*, indica a los esquimales trazando círculos en el cielo, dónde está la manada de caribúes, o de alces, incluso a veces, acuden los cuervos donde descansa la manada a sabiendas de que, si bien ellos, no pueden matar a un caribú, sí lo puede hacer el hombre, y ellas serán entonces las primeras aves que aprovecharán los restos. En realidad, en todas partes del mundo, los cuervos llegan siempre antes que los buitres, de ahí la conocidísima sentencia de Martínez de Espinar (1644) "cría el cuervo y te sacarán los ojos", nacida, según el ornitólogo Francisco Bernis, del hecho de que los cuervos sean los primeros en llegar al cadáver de la bestia.

El cuervo es, para colmo de su mala fama, un gran ladrón de huevos de corral. Cerca de mi casa, vive una pareja de cuervos que faenan de acuerdo para robar huevos de un gallinero cercano. En el gallinero hay un cerezo en el que se posa uno de ellos, y vigila, por si se acerca algún vecino, para avisar al compañero, y el otro, mientras tanto, roba el huevo del gallinero, y se lo lleva entero en el pico, sin aplastarlo, de la misma forma en que lleva el cuervo de nuestro cuadro un pan a San Antón, y los dos cuervos salen volando hacia el monte para comer el botín escondidos entre los helechos. Probablemente se trata de una auténtica pareja, macho y hembra, porque los cuervos no sólo pueden llegar a vivir como el hombre, tantos años como San Antón, más de cien años, sino que son muy fieles a su pareja y siempre se ve a los cuervos de dos en dos volando en sincronía, parecen aviones haciendo en el cielo una exhibición acrobática. A veces hacen espirales perfectas, rizos, giros, uno tras otro, como si entre ellos ya supieran qué figura van a trazar a la vez en el cielo. Y tienen un vuelo en picado hacia la tierra, con las alas recogidas, a toda velocidad, como un halcón que fuera a dar caza a un estornino o una paloma, y este mismo vuelo es el que pintó Velázquez en su cuadro.

Para terminar, sólo quiero recordar lo que nos cuenta el Licenciado Francisco Morcuelle, Canónigo de la Santa Iglesia de Nuestra Señora de los Corporales y Racionero de Santiago de Daroca, en el año 1617, en su Primera Parte de la "Historia Natural y Moral de las Aves", que es quizás el primer libro de etología, de esa ciencia que estudia el comportamiento animal, y en el que nos recuerda Morcuelle que "El primer animal que salió del Arca de Noé, después del diluvio, fue el cuervo. Y salió así (…) abriendo Noé una ventana del Arca, la cual había hecho en la más alta parte de ella, tan pequeña, que no pudiese caber por ella cabeza: dejó salir por ella al cuervo para explorar y saber por él si acaso estaba ya la tierra seca de las aguas". Y señala al principio de este capítulo que "el Cuervo es ave de todos muy conocida porque, como dice Aristóteles en el lib. 9 de la historia de los animales, es de las aves que andan, y se dejan ver en las ciudades y poblados, y que nunca mudan nido, ni morada".

Pero el cuervo ya no vive en las ciudades, ni visita la tierra que las rodea, de donde están desapareciendo día a día, de los campos de cultivo. Pero es que tampoco hay ya muchos cuervos en los campos que nos quedan, no sé muy bien la razón, es difícil averiguar qué les puede estar haciendo daño, porque los cuervos son omnívoros, comen de todo, fundamentalmente insectos, escarabajos, y granos; y también ese pan que dejó de comer un cuervo por llevárselo a San Antón.

Y si un día no quedasen cuervos en los campos; entonces, ¿quién nos traería el pan de nuestro Santo?

Madrid, Conferencia de las fiestas de San Antón, 15 de enero de 2002

*

He visto algo curiosísimo. Un **arrendajo** llevaba en el pico una castaña. Hasta aquí, lo de cada año. Después la enterró, como suelen hacer y ahora viene lo que jamás había observado. Prendió con el pico una hoja caída y la puso encima.

ABC, viernes 4 de marzo de 2011

12
arvense

Se dice de la planta silvestre que acompaña a los cultivos.

Con el canto de los grillos en pleno día han florecido las caléndulas.

Se quedan casi siempre al borde del cultivo, como no queriendo molestar, o sabiendo que se harán con todo el campo hasta el infinito si algún día queda en barbecho porque ellas, duran más que el centeno y que el trigo, que ya lo dice su nombre, caléndulas, del calendario por el que ya pueden pasar los meses mientras siguen dando flores amarillas bajo el sol que imitan.

Se ha quedado dentro de la casa el frío que hizo afuera.

Por eso, nada más regresar de Madrid, donde también hacía fresco en la casa de mi madre o al menos yo he notado el frío no sé si de la soledad o de la pena de dejarla allí mientras me volvía, he abierto las ventanas de par en par y ha entrado el canto de los grillos mientras volaban muy bajas unas cuantas golondrinas que, me parece de oído, ya están enseñando a cantar y a volar a los primeros pollos, porque su sonido es de escuela sobre el cable del teléfono.

Esto se repite todos los años, y si no fuera alguna vez así: las golondrinas, los grillos, las primeras caléndulas florecidas justo por el borde de la valla que linda con el campo de mis vecinos, nadie puede imaginar cuánto lo echaría de menos, como el canto del cuco que tras un incendio dejó de sonar y ya no ha vuelto, y cada primavera me parece verlo volar, grande y gris, bajo las hojas undosas de los castaños, pero que no he vuelto a escuchar como un reloj que para mí, para siempre, se ha parado.

Más que el sonido de la noche, me asombra este estridular de los grillos en pleno día, lo cual quiere decir que la tierra ha empezado a calentarse por el aumento de minutos de insolación, y es tal su resonar, casi como de chicharra, que te llegan a aturdir, como sucede ahora mismo, al convertirse en una suerte de llamada para que abandone la frialdad de la casa y salga a pisar la Tierra con el calor del Sol al que ha dado toda una vuelta para regresar casi al mismo punto, haciendo bullir todo de nuevo, de flores amarillas y de grillos que cantan a un mundo que, ellos creen, sigue siendo el mismo.

Se echarán toda clase de productos para que no entren como si fueran ratones en una casa, pero las caléndulas, **arvenses** como las amapolas y las malvas, acompañantes desde tiempos inmemoriales de todos los cultivos, porque tal vez también un día, para teñir, o para cualquier remedio, fueron cultivadas, o quizás por su sencilla belleza de margarita sin blancos, toda oro, a casi roja, anaranjada, dorada como el azafrán, se las arreglan para dar pequeños pasos entre las semillas que preferimos y ahí siguen, con el calendario, durante los meses, reproduciendo la luz del sol sobre la tierra.

Hace frío, pero no hay más que mirar las caléndulas, sea cual sea el día del año, para ver llegar, o marcharse, la luz del verano por el campo.

republica.com, lunes 20 de mayo de 2019

13
atalayar

Sobre el mar o la tierra, escrutar el paisaje desde lo alto.

Con el nombre de mazarico se conoce en Galicia a una ave que emite sobre el océano el trino más dulce que he oído.

Fue esta tarde, por vez primera, cuando tras haberlo contemplado un buen rato sobre las rocas, emprendió el vuelo hacia el océano, ese bosque de agua que es donde las aves marinas se sienten más seguras.

En realidad, yo creo que todo pertenece al agua, incluso la tierra emergió un día del agua, y todo volverá a ella, como el paseo marítimo que cubre el último sol de la tarde, con una luz que se mezcla con la bruma marina, que es el aliento de las olas, por aquí casi un rugido, porque da pavor si te acercas. Yo no lo hago. Es una playa la de Riazor que, de tanto domarla, se ha vuelto salvaje. Y da igual que le pongan dunas que parecen montañas, porque el océano llega con tanta fuerza que tira todo, incluso los bancos de piedra, cuando se desboca el oleaje como un caballo azul y blanco hacia el lugar por donde, seguramente, pasó siempre. Hay unas fotos en blanco y negro al final del paseo, donde se puede ver esa misma playa, al borde de las casitas que había entonces, más retranqueadas con respecto a la orilla que los grandes edificios que ahora se alzan, con toda la vista del mundo y con los pies casi mojados.

Y en ese final de la playa que es donde las rocas amansan un poco el oleaje, te encuentras que hay muchos vuelvepiedras, de patas muy naranjas, plumaje blanco y oscuro como las algas, y un pico tan fuerte que pueden volver no sólo las piedras sino incluso las cajas de pescado. Son incansables. Van de un lado a otro como si no se decidieran del todo, pero siempre escarbando, poniendo al menos un punto sobre la arena, y a la vez girando la cabeza con trazo de compás para no dejarse nada debajo del arribazón que orla la orilla del océano.

Y cuando ya creía que había visto todo esta tarde, me encuentro a un mazarico, un zarapito que es grande como una paloma, y de patas grises claras tan largas que sube por las piedras muy derecho con sólo estirarlas un poco, para situarse de manera que pueda **atalayar** el océano desde la roca más alta; y por detrás de su pico, que es tan largo y curvo que se diría que por eso va tan derecho para que no le tropiece con el suelo, se ve el ir y el venir del océano, que el zarapito contempla sin miedo. Gira hacia uno y otro lado la cabeza. No hace nada y hace todo. Está allí quieto. Mirando. Disfrutando de la vida, aunque no lo sepa. Le da el sol en el plumaje pardo hecho de ondas rematadas como una ola en blanco. La imagen, no puede ser más preciosa, el pico curvo y largo, la cabeza esbelta, y el plumaje con tonos de alga parda.

Me acerco de más sin necesidad, porque lo veía perfectamente, pero en esto soy como los niños que miran estos días los escaparates y necesitan pegar la nariz a lo que están viendo. Así yo, no sé por qué extraña razón, sabiendo que me arriesgo a que se vaya, termino siempre por acercarme de más, y el mazarico, claro, salió volando. Y entonces el alma se volvió toda oídos, al escuchar de pronto su silbido, que es el trino más dulce y sonoro del mundo, fuerte y sostenido, seguro, melodioso, demasiado bonito para ser cierto.

Haciendo eco en cada ola del océano, resonaba la voz del mazarico, al que llaman zarapito trinador (*Numenius phaeopus*), precisamente por este canto o reclamo que no es capaz de tapar ni el océano enfurecido, dejándonos una sensación de belleza que no se olvida nunca, como ya le sucediera al poeta cuando escribió:

Ou mazarico que cantas,
Trás do pinal do Marico;
Non sei que me dá, se t'ouzo,

14
bajamar

f. Marea menguante hasta el fin, y el tiempo que dura.

Durante la **bajamar** se nota que el agua tiene raíces. No es el agua un elemento pasivo, sino activo y creativo, escultora de árboles, sistemas nerviosos y playas, donde deja raíces que parecen ramas mientras se marcha.

baraño

m. Estela de hierba recién segada.

Tras aguadañar un campo, quedan unas hileras de hierba que parecen un mar verde detenido. Verde claro, por dejar el envés a la vista; verde quieto, por haber perdido su movimiento.

*

Este término, que desconocía, me encanta porque nombra lo que he visto tantas veces y que ahora me parece que no había acabado de ver hasta que he podido nombrarlo: **baraño**.

Se trata de esos montoncitos de hierba que deja el segador en hilera, como si fuera el negativo de un surco, tras pasar con la guadaña, de manera casi inconsciente, porque yo no he visto a nadie más concentrado en su trabajo, y a la vez más en otra parte, como si su pensamiento volara al mismo tiempo, que al segador de hierba, mientras suena, ese tras, tras, tras… que deja tras de sí la estela verde en hilera.

Puede que no haya un ser más ordenado que el campesino, que todo lo hace en líneas, cuadrículas, un cierto orden y sistema, como para no dejar a su aire a la salvaje Tierra, que siempre está queriendo desmandarse, y así es como el agricultor pone orden, haciendo de la hierba segada, un renglón verde que huele a hierba fresca.

aceytuno.com, sábado 21 de mayo de 2016

16
berrocal

m. Caos de bolas o berruecos de granito grueso sobre un cerro.

Se sube a "El Pendolero" por unos caminos de arena que van trazando unas curvas por donde la escorrentía de la lluvia baja en línea recta.

Es este un paisaje de encinares, jarales y **berrocales** de piedemonte, aquí y allí con peñascos graníticos que parecen haber llegado por el aire para, al tocar suelo, dejar pasar el tiempo mientras se cubren de líquenes amarillos, grisáceos y negros. Qué hermosas son estas piedras, esparcidas por "El Pendolero" como las charcas en las que flota, tras salpicar, la lluvia recién llegada.

Mientras subíamos, me di cuenta de que esta finca la había visto yo antes, y así como no podría asegurar que se trate de la misma porque los nombres se me olvidan, no me sucede lo mismo con las imágenes, y hace unos años me enviaron una foto de unos jabalíes con las cuatro torres de Madrid al fondo, esas torres que parecen las patas de un enchufe conectado al cielo, que hoy pondría la mano en el fuego de que esa foto, se hizo en esta finca de "El Pendolero".

De pronto salió el sol entre los chaparrones y me alegré de llevar sombrero campero ya que este sol que sale tras la lluvia, es el que más quema de todos porque viene a dar sobre un aire recién lavado. No acabo yo de verme con plumas en la cabeza; de ponérmelas sería en los brazos, que tienen algo de ala, o como mucho una flor, de las que siempre llevo en el pensamiento. Es una pena, pensé, que esta boda no se hubiera celebrado en mayo, porque las jaras estarían florecidas como novias.

Pero la novia, siendo la más guapa no es la más feliz de una boda, sino los niños que juegan en el estanque, que bailan por las escaleras, o que pueden desaparecer durante horas debajo de una mesa sin que nadie pregunte por ellos. Hubiera dado lo que fuera por llevar unas botas y perderme por estos caminos de arena de "El Pendolero".

La casa, que es un palacio, merece un capítulo aparte, con su planta rectangular rematada por un lucernario en lo alto con unos ojos de buey que miran a los cuatro puntos cardinales. Le adorna también mucho las altísimas ventanas de rejas blancas, y el porche tan elevado de la entrada que a la vez hacía de terraza para el segundo piso, uno de esos porches que no te quita el sol pero sí la lluvia. Me recordó inmediatamente este porche pintado hasta el techo de blanco, al de la casa de Washington, por su rectitud y su altura, pero en este caso habían tenido además el acierto de colocar una glicinia en cada columna de hierro pintada de blanco, a las que se abrazaban los troncos de las glicinias como si fueran borrachos que estuvieran dando vueltas alrededor de ellas, con tal presión que los canalones que les han adosado, han venido a ser estrangulados por la fuerza de esta planta que no es más que la expresión de la fuerza de la luz, el agua y la tierra cuando se juntan.

Por dentro, llamaba la atención la escalera y la gran entrada, llena de luz del lucernario, y una pequeña biblioteca en la que también me hubiera perdido, aunque estaba cerrada, y una gran terraza donde se celebraba la boda, con una parte abierta en la que habían colocado, sobre las grandes copas blancas de la balaustrada, con el verde seco del monte de "El Pardo" y la blancura de Madrid al fondo, unas flores de ciclamen rojas.

republica.com, lunes 25 de marzo de 2013

17
besana

f. Surco profundo que marca la longitud de un campo. Por extensión, al campo labrado de surcos paralelos, o que en algún momento fue labrado, se le llama besana.

Bailan ya sobre el verdor de la siembra, las primeras espigas de los cereales en las **besanas**, esas fincas que los agricultores labran una vez y otra hasta que les salen los surcos que dejan en las manos los besos de la tierra.

ABC, sábado 5 de marzo de 2011

18
bordonear

Tentar los cristales buscando la salida un abejorro, una mosca, una mariposa, un pájaro. También se dice del mar, bordoneando la playa.

Anoche, releyendo "El extranjero" de Camus, me encontré con un verbo que no recordaba: **bordonear**, referido a dos abejorros. La frase que aparece en la página 15 de mi libro, comprado la semana pasada con mi hijo mayor en la caseta número 8 de la Cuesta de Moyano, dice exactamente: "Dos abejorros bordoneaban contra el vidrio del techo". Para los abejorros ya teníamos otro verbo, pecorear, que es lo que hacen cuando, como el abejorro de bosque de la foto, liba la ortiga hedionda, poniéndose de capa uno de sus pétalos rosas. Miro el nombre del traductor del libro: José Ángel Valente. Claro, un poeta. Bordonear, ¡cuántas veces hemos visto no sólo a los abejorros, sino a las mariposas, incluso a los pájaros que se colaron bordoneando, tentando los cristales para salir de la casa! Bordonear, ¡qué palabra más hermosa!

aceytuno.com, miércoles 17 de septiembre de 2014

19 bosque

m. Espesura de árboles sembrados por los pájaros, el azar y el tiempo, con su cohorte de vegetación y fauna silvestre.

El camino de los frailes es un túnel de luz bajo el verdor de las hojas.

Las ramas de los fresnos, carballos y abedules se han redondeado a la altura, no ya de una persona, sino de alguien a caballo, por lo que cabe deducir que los frailes no pasaban por aquí andando aunque si lo hicieron, sus huellas han desaparecido con los siglos que vuelan con la ligereza de las hojas de un calendario, o de cualquiera de las que cae ahora mismo, amarillenta, todavía con el calor del sol del verano.

Porque la luz es de otoño, por el camino de los frailes, incluso el suelo, cubierto de hojas que humedeció la lluvia de hace unos días y que ha vuelto un poco grises las hojas caídas, pero el verdor tiene algo, aún de la primavera, aunque de una primavera cansada que es el otoño y que, sobre los pastos, llaman otoñada.

Lo mejor que tienen estos caminos que son servidumbres de paso es que casi nadie los transita y están llenos de silencio, como una catedral en la que pudiera oírse la caída de una hoja. Sería bonito reproducir este sonido, este eco, en un lugar sagrado porque tiene algo de sagrado este ruido, y esta luz, y este silencio del camino de los frailes por el que se diría que desde que se fueron, por aquí, nadie, o casi nadie, ha pasado.

No queda lejos el océano de este camino que desemboca en otro camino, esta vez de arena sepultada de agua, y de olas que se amansan en la lengua de mar que es la ensenada de Chanteiro, a la que mira la ermita de Nuestra Señora de la Merced, y donde unas rocas, redondeadas como las de las escaleras de los monumentos, amarillas y claras, son cubiertas y descubiertas por la marea. En lo que queda de las dunas, las hierbas están llenas de caracoles que no se sabe si aún estivan, o ya invernan, pegados también a los tallos de los hinojos.

Parece mentira que puedan estar aquí tan cerca el **bosque** y el océano. Que no haya más que unos pocos metros entre la playa y la alfombra de hojas de abedul grisáceas, algunas con pintas amarillas, entre las que asoman *Lactarius* anaranjados con el sombrero en forma de embudo, recolectando el agua y las más recientes hojas caídas.

Que los frailes supieran mejor que nadie dónde estaba la Naturaleza más hermosa para rezar con ella cuando transitaban este camino donde han dejado el rumor de un hábito arrastrado por el suelo, y sus pensamientos, y quién sabe si el alma, que notamos entre los bailes de la luz, filtrada entre las ramas, sobre los frondes de los helechos.

Todo está quieto, y a la vez en movimiento.

También el tiempo se ha detenido aquí, por el camino de los frailes, mientras pasaba.

republica.com, lunes 2 de octubre de 2017

20
brisa

f. Aire suave como un suspiro.

De la iglesia de San Pedro de Oza a la de San Esteban de Parada, discurre el único tramo en la aldea en que la carretera es toda recta, no hace curvas por el río, ni sube empinadas cuestas por el monte, sino que va toda llana, ligeramente ondulada, como el vuelo de un jilguero, con sólo unos pliegues que recuerdan a los de una alfombra por la que hubieran pasado unos niños corriendo.

Por esta carretera, es raro que circule un coche. Si viene, se le oye venir de lejos, como al tren o a un terremoto. La gente que hay a los lados trabajando el campo levanta la cabeza antes de que pase el automóvil, no se sabe si por curiosidad o por descansar un rato, y se apoyan en la azada que, hasta hacía sólo un momento, producía contra esas piedras que se ocultan en los terrones un sonido metálico, como de herrero en su fragua. En realidad, todo enmudece. Y esto es algo que más que oírse, se ve, pues da la impresión de que los sonidos hubieran sido borrados, o emborronados, por el paso del coche. Los pájaros, los grillos, la **brisa** en la hierba, los pasos, que también tenían su propia voz, una voz que rechinaba sobre el asfalto, se han callado. Pero una vez que el coche se aleja, vuelve el paisaje a sus sonidos coloreados, y el paseante a su paso, y la mujer a su huerta y el pájaro a cantar junto a la más pobre de las casas.

Esto no quiere decir que las casas que se asoman a esta estrecha carretera sean pobres, todo lo contrario, pero es verdad que es en la más pobre donde más fuerte cantan los pájaros, o así me lo parece. Hay una al final del camino, que está derrumbada, quizás fue, o aún sea la más hermosa casa de toda la carretera, con su alpendre desvencijado, cubierto de hiedra, y los huecos del tejado por donde entra, sin llamar, la lluvia. En su fachada, doblada como la espalda de una anciana, florecen los ombligos de Venus en el encintado de la piedra, y tantos musgos y helechos como para hacer un herbario. Da la impresión de que en esta ruina los mirlos silban con más fuerza, para compensar la falta de vida, el abandono, y sólo unas golondrinas que anidan en el cementerio de la iglesia de Parada, que está justo enfrente, vuelan con más alegría.

Casi todo el camino está bordeado con toda suerte de flores y de arbustos en unas vallas hechas con las vigas de roble de la vía. Estas vigas que hasta hoy no habían visto más que el fondo oscuro de los trenes, de la noche y de las nubes, sujetan ahora rosas rojas mezcladas con espinos blancos y glicinias y mirtos. Hay una inocente voluntad de belleza en estas flores que cultivan los campesinos.

Decimos, los paseantes, como excusa, que el trazado de esta carretera no hace curvas, ni sube empinadas cuestas por el monte, pero en realidad venimos porque aquí te sientes vivo, mientras paseas entre dos cementerios.

Artículos sentimentales, 2008

21
bruma

f. Niebla que cubre el horizonte. También se llama bruma al invierno, o a su solsticio. Para los marineros, la bruma es la nieblecilla que se levanta sobre el mar antes de llover.

Anteayer estuve a punto de comprarme unas zapatillas doradas, parecían bailarinas, con un lacito negro.

Las tuve un rato en la mano, 29 euros, y ya estaba pensando en llevármelas cuando le di la vuelta y vi que no tenían más que una suela fina de ante. Dónde voy yo con estas zapatillas. El frío entra por los pies en el norte: se puede ir en manga corta en pleno invierno, te puedes mojar incluso bajo la lluvia paseando, caminar por la orilla de un mar embravecido, pero lo que jamás de los jamases se debe hacer, es enfriarse los pies, porque por ahí entran los peores catarros del mundo como si aquí, bajo la Tierra, el núcleo no estuviera fundido, sino helado.

Cuando murió Pío Baroja, hace cincuenta años, en la necrológica que le dibujó Mingote llevaba, además de boina, mientras caminaba por el cielo, pantuflas, una de esas pantuflas de cuadros, calentitas y de lana y con una suela de goma del grueso de un dedo. Esto no lo puede entender quien no viva en el norte en una casa en un pueblo o en el campo, donde el suelo está permanentemente mojado en invierno, y aunque se disponga de tarima de madera y de una buena calefacción en toda la casa, sube desde la tierra una frialdad que entra por los pies si se va descalzo, o con inútiles zapatillas elegantes.

Para escribir, igual que para leer, no hay que arreglarse, se puede escribir en la cama, o en bata y zapatillas, o vestido de casa. Aunque a mí me cuesta creerlo, hay gente que presume de que siempre se arregla para escribir. A Baroja se le notan sus pantuflas, y es una maravilla, cómo corta las frases para que tengan la poesía justa, el sol que sale por detrás de unas casuchas en "La Busca", o las estampas holandesas en "Los amores tardíos", y en el último libro que estoy leyendo, "El árbol de la ciencia", se percibe el frío del ambiente y el calor literario de sus pies bien abrigados.

Lo leo junto a la chimenea, tapada con una manta y, a falta de zapatillas eficaces, con los calcetines más calientes que he encontrado. Miro hacia la galería y entre la **bruma** de los cristales empañados, veo las mismas hortensias que tienen los Baroja en su casa Itzea, esas grandes hortensias azules que viran al malva con el frío.

ABC, sábado 9 de diciembre de 2006

22
Calima

f. Vapor de agua suspendido en el aire con sales del mar, arena, cenizas u otras partículas que disminuyen la visibilidad. También recibe la denominación de calina.

Al vapor de agua suspendido en el aire con sales del mar se le llama **calima**. Es transparente como un fantasma, una bruma sin contornos, un humo frío que ni viene ni va. La calima sólo está. Un día con calima figura entre paréntesis en el calendario que diría, si no hubiera dejado de escribir a las golondrinas, Ramón Gómez de la Serna. Como el de calma chicha para un velero porque el espíritu se contagia del no hacer nada del viento, que ni el sol trabaja ese día como es debido. La calima es un desorden de partículas que suben y se quedan flotando como en el espacio y así calima es también la arena del desierto en el aire, y las cenizas de los incendios. Calima es la sombra de los árboles en el cielo.

ABC, sábado 15 de agosto de 2015

23
Campo

m. Tierra cultivada.

El paisaje es una casa con las paredes de luz. Regreso a la aldea y ahí sigue la luz de abril de cuando llegamos. Abro la puerta y reconozco todos los momentos de una vida, y hasta casi me parece oír a los niños, pero es la luz la que me asombra, que sea la misma, el mismo sol entrando por la ventana, y ese aire esperanzado que se da en primavera, cuando todo es un ir y venir de tractores, escribiendo sobre la hoja en blanco que es la tierra. Ayer por la tarde estuvieron plantando patata ecológica Sergio, su mujer y su padre, mirando al suelo como si pescaran en el agujero de un lago helado, sentados en unas sillas que van como en un remolque del tractor, para ir dejando caer trocitos de patata. Sergio era todavía un niño al borde de un **campo** cuando su madre, Asunción, araba con un caballo. Estas nuevas patatas beberán, con veinte años de distancia, de la misma luz del valle.

ABC, sábado 30 de abril de 2016

Cándalo

m. Rama seca que se desprende de su árbol con un chasquido.

Se utiliza este término, sobre todo, para las ramas de los pinos, pero también para otras especies, tanto para referirse a la rama muerta todavía unida al tronco, como para la caída, recolectadas ambas para quemar en las chimeneas. La saca de los **cándalos**, la hacían los leñadores, para encender y calentar las cocinas, ya que arden muy bien, al estar sin vida. Concha de Marco les escribió el poema "Cándalo siempre ardiendo" refiriéndose a los cándalos de los pinos albares. También se llama cándalo al carozo desgranado de la mazorca de maíz, muy utilizado también para prender el fuego.

Diccionario Aceytuno de la Naturaleza, sábado 12 de noviembre de 2016

25
Cascada

f. Salto de agua desde cierta altura.

Estábamos tan cansados que nos detuvimos en un albergue.

El letrero, "recién desinsectado", no presagiaba nada bueno, por lo que decidimos que, solo si el restaurante de enfrente estaba abierto y nos daban de cenar a las seis de la tarde, ambas cosas muy improbables en esta época del año, nos quedaríamos en el albergue.

Por eso me extrañó, nada más abrir la puerta, el agradable calor del restaurante. Miré a mi alrededor y no vi ninguna chimenea, pero la sensación era tan cálida y la sonrisa de la dueña tan blanca y tan abierta cuando le pregunté "¿nos podría dar de cenar dentro de una hora?", que nos quedamos.

Además de la gente y los paisajes, una de las mejores cosas que tiene el Camino de Santiago, es el menú del peregrino. Por menos de diez euros te ofrecen tres copiosísimos platos, con pan, agua, vino tinto, café, queso y varios postres caseros. Jamás cené tanto como haciendo el camino. En esta ocasión, tomamos caldo y un churrasco con un mojo que hacían allí mismo. Todo buenísimo. Mientras cenábamos, miré primero la ventana, por donde el sol se iba, dejando sobre la hierba una luz anaranjada, que se posaba también sobre las cosas del restaurante, dándole un aire aún más cálido. Por las paredes, había fotografías de ríos y, a mi espalda, un gran mural hecho de recortes de periódicos antiguos alrededor de un retrato en blanco y negro de un señor como de los años veinte, con una gardenia prendida en la solapa. Me acerqué, y leí: "Doctor Saá. Conde de Waldemar".

Mientras tanto, frente a nosotros, un hombre joven trabajaba con una suerte de máquina de coser en miniatura, de las que sirven para montar señuelos, moscas de río; y sobre la mesa, como las cabelleras de los indios, todo tipo de materiales para intentar imitar esas efímeras que, tras haber evolucionado durante siglos, viven tan solo unas horas sobre el río.

Él fue quien me contó que el señor del cuadro era pariente directo suyo, que en su día fue considerado como uno de los mejores magos del mundo, y que el rey Alfonso XIII le concedió el título de conde de Waldemar. Manuel Rodríguez Saá, era su nombre, y tras casar con un rica filipina, regresó a morir donde nació, por aquí, en Eirexe-Ligonde, un lugar alto y verde, lleno de pozas y de **cascadas**, y de una luz de invierno increíble.

Me pregunto si tiene algo que ver el título que le dio el rey al mago con la narración de E. Allan Poe, "El caso del señor Valdemar", donde el protagonista hipnotiza a un moribundo de tuberculosis y, ya difunto, pasa el muerto mesmerizado varios meses hasta que, al despertarle, se deshace su cuerpo sobre la cama.

El descendiente del conde de Waldemar, ha heredado la habilidad del mago en las manos, y mientras yo cenaba, me hizo un broche que, como si fuera una gardenia, llevé el resto del camino en la solapa.

republica.com, lunes 31 de enero de 2011

26
Celaje

m. Velo de nubes sobre el paisaje del cielo.

Ayer definí **celaje**, que es el conjunto de nubes, a veces coloreadas, muy tenues, por el cielo.

Aquí, además de las nubes, tenemos un celaje de flores y de hojas quitando la luz de las ventanas pero, pensé, mientras las podaba un poco, ¿cómo no nos van a quitar las hojas la luz si viven de ella?

aceytuno.com, domingo 25 de mayo de 2014

27
Centeno

m. *Secale cereale*. Planta anual gramínea parecida al trigo con las aristas de su delgada espiga más largas.

Por efecto de la perspectiva, parece que el campo de **centeno** es mío.

Se ve desde lo alto del monte, el campo amarillo entre los maizales y los castaños, pero no se ve el camino que lo separa de mi casa, por lo que se diría que me pertenece, como todo lo que miro, ¿cómo no me va a pertenecer si está su imagen en mis ojos?

Su imagen desde el principio, desde que lo siembran hasta que lo siegan. Lo he visto moverse con el viento, todas las espigas en la misma dirección, o inclinarse con la lluvia, cada espiga de una manera distinta, como si el viento las uniera y la lluvia las volviera independientes, o las dotara de una dignidad diferente en el momento de agachar la cabeza ante el mismo peso, de la misma agua, caída del mismo cielo.

Y he visto pasar el centeno por todos los colores, desde el verde más tierno a este amarillo que tiene ahora, un poco pálido de tanto sol, y un poco ennegrecido por la humedad de los últimos días, aunque hoy hace un día tan azul y tan claro de verano que da gusto ver el centenal entre los maizales y mi casa blanca. Ojalá fuera mío. Pero es de un señor al que para mis adentros llamo "el guardián entre el centeno", porque viene todos los días, muy despacio, con un gorro azul que da sombra a la cabeza y a parte de su cara consumida por los años. Suele llevar un jersey y unas gafas de sol muy oscuras, como para defender los ojos de la claridad de su campo, pues solo lo mira, lo vigila, lo ve crecer, hace suya la tierra que ya es suya.

A veces tengo miedo, al despertarme, o al dar la curva desde la que se ve el campo de centeno, de que haya venido la trilladora y haya dejado mi campo como la cabeza de un militar, cortada al ras, de pelo encanecido.

Ayer me dijo el guardián que ya estaban avisados, que cualquier día de estos vendría la trilladora. Y al irse se colocó el jersey y todo él destilaba señorío y orgullo, mezclados como el mitadenco con su felicidad, porque en medio de este mar verdoso de maizales y castaños, sólo él tiene, de verdad, un campo de centeno.

Iba de espaldas, pero sé que sonreía.

ABC, sábado 8 de julio de 2006

28
Cerezo

m. Árbol del género *Prunus* de tronco gris oscuro, hojas lacias cuyos colores anaranjados de otoño se ven en el monte de lejos, si son cerezos silvestres, como sus flores que parecen, entre el verdor de los robles, nubecillas blancas. Sus frutos, las cerezas, son forrajeadas por los mirlos, dejando el hueso colgado del pedúnculo; y los picogordos, abriendo en dos el hueso cuando ya está en el suelo.

El **cerezo** tiene un tronco rojo, como de corazón, bajo la corteza, pero las flores son blancas. A pesar de la lluvia, han florecido ya los primeros cerezos, con unas flores tan blancas que las ramas, de lejos, se ennegrecen, por el contraste pío, como de ostrero, o de urraca. Han florecido bajo la lluvia porque la luz, esa riada, es más fuerte que el agua.

ABC, lunes 1 de abril de 2013

*

Mi amor por Chéjov es un amor a primera y última línea. Se nota en cada frase todo lo que ha escrito, y todo lo que ha tachado. Es condensación pura de la escritura, las gotas de agua del vaho.

A pesar de que le pagaban a ocho kópeks la línea, Chéjov se empeña en su estilo: "La brevedad es hermana del talento", "el arte de escribir es el arte de acortar". Y escribe de sí mismo: "Sé hablar con pocas frases de cosas largas".

Por eso dije que no me perdería "El jardín de los **cerezos**", que pusieron en Estudio 1, ¿el sábado pasado?

Me acababa de nombrar esta obra Juan Ignacio García Garzón, crítico de teatro de esta Casa. Creo que en Madrid están representando "La gaviota", una historia de amores perdidos y reencontrados, en la que se llora con esa tristeza rusa que corre con el viento por las estepas. Tengo que verla. Por cierto, Juan Ignacio, el relato de Chéjov del que te hablé se titula: "La sala número seis".

No pude salirme con la mía. Tenía una cena en casa con unos amigos, y como sabían de mi interés por la obra, cenamos fuera, con la ventana abierta, para que se viera el resplandor de la televisión, y saliera al campo su sonido. Se me iban los ojos y los oídos. Veía de lejos al que parecía un sirviente muy mayor: "¿Qué va a hacer usted cuando cerremos la casa, dónde irá?", le preguntaba una señora cuya voz se mezclaba con el canto de los grillos. "Yo, señora, iré donde usted me diga".

El calor de la noche se hizo tan insoportable que bajamos a bañarnos a la alberca, rodeada de agapantos florecidos, oscura como la luna nueva, por lo que tuvimos que iluminar con velas flotantes el agua, y en el fondo verdoso se veía un halo igual que el que rodea a la luna en las noches de niebla. Entre el agua, las velas, las flores, las estrellas y el calor de la noche, se diría que estábamos en Bali.

Regresamos a la realidad con un caldo gallego. La obra estaba acabando. En el salón cerrado y de muebles cubiertos con trapos blancos, el sirviente estaba sentado en una mecedora. Se moría. Desde el jardín, llegaba el ruido seco de las hachas cortando los cerezos. Lloré como si hubiera visto la obra entera.

ABC, sábado 22 de julio de 2006

29

Cielo

m. Envoltura gaseosa y azul de la Tierra con su celaje, cortinaje, abierto o cerrado de nubes.

A veces me pregunto si el **cielo** es azul por el mar, o si el mar es azul por el cielo.

O puede que los dos sean azules por la luz del Sol dentro del agua y del aire.

*

No hay ciudad que me haya impresionado más que la ciudad de México.

Diez minutos antes de sobrevolar esta ciudad, toda la tierra que la rodea es hermosa, salpicada de luces como el fondo luminiscente de un océano, cada pueblecito con su casa y su luz y su universo dentro de cada hombre y de cada mujer que sueña.

Por más que digan que el hombre estropea la Tierra, al menos por la noche, son aún más hermosas estas aldeas iluminadas que las deshabitadas estrellas, desperdigadas sus luces por una oscuridad que, desde el aire, no se distingue si se corresponde con el agua negra de algún lago, o con un monte que duerme tapado por la sábana de algún bosque.

Al pasar Pachuca, aparece de pronto la Ciudad de México y entonces se tiene la impresión de no estar en la Tierra, sino en Titán o en alguna otra luna de Saturno, de misión espacial, porque aquello no parece una ciudad sino un satélite o un mundo, al fondo de un cráter, todo interminable y cuadriculadamente iluminado, junto a un **cielo** que ya amanece anaranjado, rojo, azul claro y azul oscuro en lo más alto, con tres estrellas que casi dan pena junto al brillo de abajo y el contraste de los volcanes que, como el lago y los montes, se ven tan negros que parecen recortables contra el día que amanece.

Al estar el aeropuerto en mitad del distrito, hay que sobrevolar a cámara lenta el manto de luces, bajo una nube negra que recuerda un poco a la de Madrid en los días de sol y calefacciones, pero esta nube es aún más espesa y oscura, como si alguien estuviera quemando ruedas por todas partes.

Amanece al aterrizar y la ciudad que parecía naranja y negra como una mariposa monarca, con la luz del sol se colorea toda, y se llena de ruidos y de vida, y el aire parece claro y limpio, aunque su olor nos recuerde lo que vimos desde el cielo.

ABC, viernes 4 de febrero de 2005

30
Collera

f. Pareja de animales de la misma especie que no tienen por qué ser macho y hembra, sino dos ejemplares más o menos juntos, como unidos por un collar. También se aplica para las personas en los oficios que se realizan por colleras, como la pela del alcornoque llevada a cabo por colleras de descorchadores, o en las labores con mulos o bueyes.

A la playa me costó bajar la mañana entera.

Me perdí entre casas y carreteras por las que el coche casi no cabía hasta ir a dar a una panadería donde me bajé a comprar empanada y a hacer preguntas.

El panadero, con el pelo blanco como la harina, se molestó en ser prolijo en sus explicaciones hasta que yo pudiera comprender que había que subir, llegar otra vez a la carretera principal, y volver por el camino que inicié para desviarme esta vez por una calle indicada sin salida que era donde estaba el aparcamiento de la playa, si es que se le puede llamar así a una explanada abierta en el monte.

Fui también a comprar agua a un restaurante donde parecía que la atracción del día era yo perdida en esa aldea remota en lo alto del acantilado que debió de ser de pescadores, inmersos en ese silencio del fondo marino, que es como yo imagino ese mundo de los marineros que me fascina y por el que Pla dejaba su masía para ir a comer y a conversar con ellos. ¡Qué suerte!

En el aparcamiento de la playa, lo primero que noté es ese olor a laurel que tiene el aire del monte en los días soleados, mientras se oía el sonido del arbolado, todavía original, de bosque primario, que tenía aquel claro que habían habilitado para unos coches que resultaban igual de absurdos y de ajenos que si hubieran sido platillos volantes, tal es la belleza de este paraje.

Unas mariposas, que no me detuve a identificar, pero más grandes de lo normal, volaban casi a ras del suelo, entre el sol y la sombra. Luego, apareció la escalera de cemento, aleluya, por la que ya se atisbaba, casi en vertical, la playa, con la arena blanquísima, y al fondo el agua de un azul muy claro entre los laureles de un verde muy oscuro que caían entre las rocas. Por un momento, me recordó a la Costa Brava.

El sonido de columpio oxidado de un carbonero se mezclaba con los graznidos de las gaviotas, uniéndose en el aire el mar y la tierra. Porque aquí el bosque primario, el que no fue plantado por la mano humana, llega hasta la misma orilla, si le dejan; tal es el milagro de algunos lugares en Galicia, donde los robles dan sombra a la arena.

La playa, además, como no tiene chiringuito ni bar ni entran las excavadoras a destrozar la arena, está limpísima, con las algas del día en sus orillas, y otras sumergidas, algunas de un azul iridiscente que sólo he visto en las aguas más puras y que es la preciosa *Cystoseira tamariscifolia*. Casi todos los que vienen aquí, bucean para ver de cerca estas maravillas.

Con la marea baja, por la luna llena azul del otro día, había rocas y piedras redondeadas por el oleaje al descubierto, y charcos de marea donde se podía observar todo un universo, camarones, erizos, ermitaños, sin necesidad de sumergirse y que es como contemplar el firmamento a simple vista.

La playa tiene una **collera** de charranes pescando, tirándose de cabeza al agua para salir con el pez en el pico, haciendo ese ruido, como de grillo en el cielo que te alegra el alma, mientras el agua va y viene.

Entre las grietas de las rocas, viviendo de la salpicadura de las olas, están florecidos los eneldos marinos cuyas hojas se llevaban aliñadas a bordo los marineros para sus travesías.

No digo el nombre de la playa porque, además, jamás la encontraríais.

republica.com, lunes 3 de agosto de 2015

31
Columbrar

Vislumbrar a lo lejos. También sinónimo de entrever, conjeturar, divisar imaginando lo que se mira. A los ojos, se les llamó columbres.

Si el próximo 3 de diciembre, tal y como **columbran** algunos, se anuncia que hay, o hubo, vida en Marte; se removerá de nuevo el pensamiento y el sentido de la trascendencia que da el saberse vivo en un Universo aún más fascinante de lo que imaginábamos.

De pronto la Evolución parece antigua, por estar con el alma en vilo, a la espera del descubrimiento de la vida en Marte.

Sé que hay que tener mucho cuidado con lo que se escribe pues una sola mancha de tinta llena de azul todo el agua, y las últimas noticias nos hablan de la presencia de perclorato, lo cual aleja la posibilidad de vida en Marte y, sin embargo, la sola y fría idea de que la vida empieza y termina aquí, en la Tierra, es algo que siempre me ha agobiado, como si esa certeza general encerrara para siempre, entre cuatro paredes, el pensamiento.

Porque cuando he observado lo que sucede cada vez que coloniza la vida uno de esos paisajes lunares que dejan tras de sí las obras, me ha parecido que si, como escribió Darwin, la vida es "un gran Árbol", sus raíces para mí nunca han estado en la Tierra, y de ahí tal vez que nadie haya podido explicar todavía, a estas alturas de la Ciencia, qué es la vida, ni demostrar su origen.

Y si bien lo más probable es que los materiales con los que está hecha la vida sean, por su eficacia y sencillez, universales, esto no quiere decir que

haya aquí un solo Árbol, sino más bien un Bosque de troncos evoluciona-
dos a partir de propágulos distintos.

"El origen de las especies" sufrirá tal vuelco si se descubre vida en Marte
que "el gran Árbol de la Vida", ese viejo cladograma, quedará con todas
sus raíces al aire, removido de nuevo el pensamiento y el sentido de la
trascendencia que da el saberse vivo en un Universo aún más fascinante
de lo que imaginábamos.

Y si la noticia llega tan tarde que yo ya estoy en la tumba, dejo aquí mi
alegría póstuma si lo que soñé era cierto.

ABC, viernes 8 de agosto de 2008

32

Conticinio

m. Momento de la noche durante el cual el silencio es tan profundo que ni los perros ladran. Se compara con el galicinio, ese momento de la noche en el que canta el gallo, todavía a oscuras, a punto de amanecer.

Al momento de la noche durante el cual el silencio es tan profundo que ni los perros ladran, se le llama **conticinio**.

Nadie puede imaginar cuánto me gustan estas palabras que están casi ya perdidas, si no fuera porque hay un vals venezolano que se llama así, "Conticinio", y que viene a recordar, con música, este silencio nocturno ya casi olvidado como sucede con las calles con nombre de árbol, como la calle del Olmo, donde no hay ni uno.

Quedan los nombres cuando ya no queda nada.

También en nosotros puede que sea solo el nombre lo único que perdure, tal vez esculpido en piedra, como en el cementerio de Montmartre, por donde asoman, con un verde tan nuevo que brilla, las hojas de la *Ampelosis* que parece una cascada verde sobre el muro de piedra, como si quisiera huir de la muerte, hacia la acera de la calle, mientras se yerguen las inflorescencias de flores blancas y púrpuras cuando ya han sido libadas, antes blancas y amarillas, de los castaños de Indias.

Tengo que ir a pasear por allí antes de marcharnos.

No quise ir en invierno, con todos los árboles grisáceos como el cielo, y las piedras tristes sin una brizna de verdor; pero ahora, está el cementerio de Montmartre tan florecido que dan ganas de pasear entre las tumbas, sabiéndose vivo.

Claro que no se me ocurriría ir de noche, cuando dicen que se ve las fosforescencia que emana de las tumbas como esos mares que brillan a oscuras las noches de verano; y menos aún iría durante el conticinio, ese lugar del tiempo en el que todo calla y que los que vivimos en el campo, al que siempre regresamos, conocemos perfectamente, porque ni los perros ladran, ni los gallos cantan mientras dura ese pozo profundo del tiempo nocturno que es el conticinio.

Cuando volaba con mi marido, recuerdo que había un momento durante el vuelo transatlántico, en el que se diría que en el avión no había nadie despierto, con la luna y las estrellas tan cerca, y el océano abajo brillando más claro que el cielo. Me despertaba el silencio, como me sucede ahora con mi nieta, cuando duerme tan profundamente que me asomo a su cuna, y la miro y la toco para ver si respira. Ese airecillo que sale por su nariz es mi vida.

Entonces pienso en el conticinio, y en que debe existir también para los bebés, además de para los animales, porque a esa hora de la noche en la que me asomo y no hay ni una ventana encendida, ni nadie paseando por la calle, mi nieta duerme profundamente como si hubiera en ella también algo de animal salvaje a cuyos párpados aún no ha llamado el sol para que se despierte con la luz del día.

Pero es en mi casa en la aldea, donde mejor aprecio este silencio inconfundible en el que todo duerme hasta que el gallo, todavía con la noche cerrada, canta, y da por terminada la magia imposible del silencioso conticinio.

Sólo por oír esto, que es un oír nada, estoy deseando volver a la aldea.

Si puede ser con nuestra nieta Gabrielle, dormida a mi lado, será un sueño.

republica.com, lunes 29 de abril de 2019

33
Corimbo

m. Ramificación de las flores compuestas, de tal manera que todas las de una misma inflorescencia quedan al ras, formando una pista de aterrizaje para los insectos y la luz del sol.

Me he acordado de Proust nada más saber que acaban de florecer los espinos blancos.

Porque aunque del autor de "A la busca del tiempo perdido" siempre se habla de la magdalena como si no hubiera otra cosa en su magnífico libro, lo que amaba y describió maravillosamente Proust fue la Naturaleza, y sobre todo la botánica, no sólo la que se da en el campo sino la que hay en los jardines, o mejor aún, por los caminos silvestres que había de una casa a la otra.

Y en cada uno de estos paseos, va viéndolo todo, nada se escapa ni a su mirada ni a su letra, y así a los espinos blancos los quiere de tal manera ya desde niño que se abraza a ellos y se estropea su sombrero y su abrigo, con gran disgusto para su madre, al despedirse de los espinos. Y así se prometió que "cuando fuera mayor, no imitar la vida insensata del resto de los hombres, y al llegar los días de primavera, incluso en París, en lugar de hacer visitas y escuchar tonterías, salir al campo para ver los primeros espinos."

Ahora mismo están florecidos junto a los prados. A mí, todavía más que las flores en **corimbo** blancas, endulzando las espinas, me gustan las hojas pues recuerdan en pequeño, con los lóbulos menos pronunciados y divididos, a las hojas de los robles. De lejos, sólo se aprecia la mancha blanca del arbusto como caído en el campo, desordenado y a la vez perfecto, aunque los jinetes les tengan manía porque al pasar a caballo junto a ellos, sus espinas quedan justo a la altura de las piernas.

Y aunque Proust escribe sólo *espino blanco* su nombre también es espino albar, *Crataegus monogyna*, y el nombre de su fruto la majuela, que los hombres comían cuando aún vivían en las cavernas y quién sabe si cada primavera, se maravillaban como Proust con el espino blanco florecido.

También dando un paseo advirtió Proust por vez primera, "la sombra redonda que los manzanos hacen en la tierra soleada".

Natural de ABC, abril de 2008

34
Cortino

m. Muro de poca altura, en general hecho a mano y a hueso, sin más argamasa que la gravedad, que delimita las fincas agrícolas o ganaderas. También llamados cierros, a veces enmarcan los huertos.

Amaneció el día cerrado, envuelto en sí mismo.

Como cada vez que hay que madrugar, dormimos poco y mal; a los pies de la cama la ropa que habíamos encontrado de casualidad para subir a la sierra, el jersey de Alaska, menos mal, unas botas viejas y un chubasquero de andar.

No podíamos dejar pasar la oportunidad de ir a la sierra de Guadarrama con dos de los padres del Parque Nacional, a quienes conocimos con motivo de la presentación de la trilogía "Entre líneas y a contracorriente" del Marqués de Tamarón, también gran amante y conocedor de la sierra de Guadarrama, y gran escritor de la Naturaleza.

Me acordaba de Graells, y de la mariposa que descubrió por estos pinares, y también de Valverde y de Bernis, al pensar que estaba tan cerca de una historia que alguien tendrá que escribir algún día, quizás Santos Casado de Otaola, sobre cómo se produjo el milagro de hacer Parque Nacional a la Sierra de Guadarrama.

Para mí, siempre fue la parte de Naturaleza que había al final de la calle Martín de los Heros, desde donde se veía, en los días despejados, entre los pinos piñoneros del parque del Oeste, bajo un cielo muy azul, una cumbre nevada.

Fui a la sierra muy poco, y ayer, cuando vi que justo al lado de casa de mis padres, bajaban de un autobús con los esquíes personas de todas las edades hasta el Club de Montaña que hay en Francisco Lozano, me dio rabia pensar que yo viví tantos años al lado, pero entonces este Club era un economato militar, también llamado de La Montaña, donde vendían aceite de oliva a granel, que subía a presión desde el suelo con una suerte de manivela parecida a la de un pozo de agua, y que yo bajaba a comprar en una botella vacía de gaseosa.

Con este absoluto desconocimiento de lo que iba a ver, subimos hasta la sierra que estaba envuelta en unas nubes muy bajas, que daban al día un velo de misterio. Si no fuera porque los sauces estaban florecidos y en algún huerto había un melocotonero con sus grandes flores rosadas, no se diría que fuera primavera porque los robles rebollos aún tenían algunos las hojas, aunque en su mayoría las habían tirado, al ser marcescentes: hojas que caen en marzo, para dejar paso a las nuevas, que ni se veían.

Parecía más bien el final de un otoño que el principio de una primavera.

Caía una lluvia muy fina que no mojaba, al contrario, parecía acompañarnos con su calidez de agua tibia, mientras empezamos a subir por lo que podría llamarse una pista, de una arena anaranjada por la lluvia. A los lados, los hermosos **cortinos** o cierros ganaderos que hacían de marco para el bosque y, a sus pies, mojadas como cartones, se amontonaban las hojas lobuladas de los robles.

"A hueso", nos dijo Esther, una arqueóloga (que aquí todos sabían de algo, y sabían mucho) que estaban hechos estos muros de piedra seca. No había dos iguales. Y esa era la gracia, que se notaba, sin la firma, que cada uno de estos cierros, que también dan nombre a los prados que delimitan, estaba hecho por una persona que había dejado en ellos su alma; y como hay muy pocas cosas donde se produzca esta intersección espontánea entre el alma humana y el alma de la Naturaleza, parecían tener vida propia, y espíritu, estos cierros, muros de piedra, empapados de líquenes y de musgos donde se refugia tal cantidad de especies que, si desaparecieran, una buena parte de la biodiversidad de esta sierra, se perdería.

¡Qué cerca suele estar la riqueza natural de la belleza!

En esta sierra de Guadarrama, está por todas partes, que hasta en el pinar plantado a peón, ahondando la tierra, con pino de Valsaín, pino silvestre, envuelto entre la niebla que era a la vez lluvia y respirar fresco de la sierra, tenía el bosque plantado la magia de un cuento, donde entre la verticalidad de estos pinos, y el espesor de la bruma, no se veía el final del camino por el que avanzábamos.

Luego, aparecieron las piedras y una vegetación más rala, dejando atrás las violetas al pie de los arroyos, para surgir una suerte de enebros que se retorcían con sus raíces por las trochas, muy pegados a la tierra, como si aquí el viento soplara ya tan fuerte que segara con el aire a los árboles que asomaran la cabeza.

Las rocas, estaban algunas llenas de aristas, recién caídas de la montaña; y al final, el ruido que era más bien rugido, de un gran chorro de agua, puliendo la piedra por entre la que discurría como por un caño, saltando la cascada igual que la cola de un caballo bayo al galope, dando aún más bruma y más magia y más ruido a un paisaje del que, lo que más me llamó la atención, fue el silencio.

No se oía un pájaro, y sólo en un momento, por el pinar, a un carbonero, pero había un silencio que era el de los lugares sagrados y en un momento, cuando bajábamos, y esperaba al pie de un arroyo para seguir el camino, miré hacia arriba, y brillaban las gotas de agua en los brotes de los pinos, con esa penumbra de cielo estrellado que tienen en pleno día algunos bosques cuando son verdaderos.

También los espinos, rojas sus ramas por el frío, estaban dulcificados por esta lluvia que era un llorar de alegría.

Un menos mal, porque un lugar como este, aún exista.

35
Cosmos

m. Universo Todo.

Parece Madoz, como Ramón Gómez de la Serna, empeñado en no dejar nada en lo que es.

Ve un tenedor en la sombra de una cuchara. Recuerdan sus fotos a aquéllos anuncios que había en las paradas de los autobuses y que nunca supimos qué anunciaban, un cepillo de dientes al revés, o cosas por el estilo, y donde ponía "Objetos Imposibles" de Philippe Starck. A resguardo del sol o de la lluvia, pasé horas esperando el autobús bajo esas paradas. Años más tarde, me quedé asombrada cuando vi en Miami el hotel "Delano" de Philippe Starck donde había una piscina en la que casi todo cubría unos centímetros para luego hundirse como en las profundidades abisales del océano, tan oscuras que los rapes llevan linternas, como mineros, en la cabeza. Y en aquélla superficie eterna que era como la orilla de una playa donde no cubre y los arenícolas dejan rastros que son espirales de arena, había puesto Philippe Starck sillas y mesas para tomar una copa con los pies en el agua y las estrellas en la cabeza. Luego, por el jardín, todo eran lámparas como las del salón de una casa, lo cual daba la impresión de vida a la intemperie, de lujo en la pobreza.

Hay quien puede llegar a pensar que estas cosas son llanas y sencillas ocurrencias. Y en parte es así. Pero no es así. Nacen del tiempo y del talento. De dejar en blanco todo lo demás, para concentrarse en lo que venga. No vale ir a por ellas, hay que esperarlas, que surjan de pronto de la nada. Y lo demás es trabajo. No se hacen con la cabeza, sino con el disparatado pensamiento del alma. Y así, parecen tener alma las fotos de objetos de

Chema Madoz, porque ha puesto un asa a una cáscara de huevo, o porque ató los cordones de un par de zapatos que siempre se quisieron. Sus fotos son como esas frases con las que tropiezas y ya no puedes seguir leyendo porque te dejan noqueado con su acierto.

Cuánto de "ramonismo" hay en estas fotos. Cuánta poesía y humorismo al mismo tiempo, con la definición de Ramón Gómez de la Serna: "El humorismo es una anticipación, es echarlo todo en el mortero del mundo, es devolvérselo todo al **cosmos** un poco disociado, macerado por la paradoja, confuso, patas arriba".

Ahora que todo son miradas planas, necesitamos más que nunca ver las mil posibilidades de una misma realidad, abrir la cabeza, llenarla de imágenes e impulsos, darnos cuenta del portento de la imaginación.

Es un consuelo saber que en este tiempo tan vulgar, alguien mira de otra manera, y ve, la sombra de un tenedor, bajo una cuchara.

Son imágenes felices porque feliz es el que descubre, aunque no tenga otra cosa que su descubrimiento.

Primer artículo para republica.com, 31 de mayo de 2010

36

Crin

f. Pelo largo de la cerviz de algunos animales como el caballo que por su capacidad de aislamiento utilizan algunos pájaros como el jilguero para vestir por dentro el nido.

Puede que lo más bonito de mi casa sea el sobrado.

Cuando subes, todo el valle queda bajo la madera de sus vigas.

Se asciende por una escalera de peldaños que podría dibujar un niño, y así como va bajando la temperatura cuando subimos una montaña, de la misma manera perdemos los años, nos volvemos un poco niños, cuando subimos al sobrado, pensando que ya no tenemos edad para estas cosas, ya que resulta siempre un poco peligroso subir tan alto, al no tener el sobrado a su alrededor, excepto por un lado, más paredes que las del aire.

A pesar de la firmeza de su tarima, las tablas están un poco separadas, por lo cual da un poco de vértigo estar de pie en este sobrado que se hizo para que circulara el aire y así se mantuviera seca la paja de la que se alimentaban los animales que escuchabas, olías y observabas, entre sus rendijas, debajo. Esto atraía muchos pájaros, bisbitas en invierno, gorriones que anidaban en verano. Pero ahora que solo guarda algunos troncos de cerezo, casi no hay pájaros como si los caballos, al marcharse al monte de enfrente, se hubieran llevado, tras de sí, escondidas entre las **crines**, las aves.

En lo más alto de una casa, o de un monte, bajo el tejado de nubes, puede haber un sobrado donde se amontonan las cosas que ya no queremos.

Yo he procurado tenerlo vacío, porque es así como me gusta, para que no desaparezca la vista de su tejado a dos aguas, por donde entra el paisaje con más verdad que por ninguna otra ventana, al estar enmarcado no por cristales ni por marcos, sino por dos vigas que se apoyan y se sostienen la una contra la otra.

Y es en este sobrado donde ha venido a instalarse ahora, se diría que dispuesto a pasar todo el invierno, un petirrojo. Se asoma a mediodía al valle y desde la tabla que hace de cornisa, canta para que nadie se acerque, respondiendo a cualquier cosa que haga ruido. Incluso mi silbido. No sé de dónde me viene este amor por los pájaros que están libres y van y vienen sin que yo lo haya dispuesto de esa manera, ya que nunca pongo comederos, ni pienso en ellos cuando construyo algo, porque lo que me hace gracia de la Naturaleza es todo aquello que sucede sin que yo lo espere, como este pájaro que se asoma al borde del sobrado y se pone a cantar como si su canto fuera lo más importante del día. A veces creo que verdaderamente es así. Que perdemos el tiempo en nimiedades que no llevan a ninguna parte, en un carrusel sinsentido que nos deja sin sentidos para apreciar estos pequeños sucedidos que llenan los días.

La semana pasada, nos cruzamos por Valladolid con un personaje del que no pudimos sustraernos, un hombre solitario por una calle de piedra clara, traje oscuro, camisa blanca, sombrero de pana verde, bastón esculpido a modo de bambú en la empuñadura. Su menuda estampa de hombre de campo, era de una grandeza enorme, como si en la aparente soledad de una calle en la que las voces hacían eco de catedral, estuviera rodeado de algo inaprensible, iluminado tal vez por la luz que otorga la felicidad, o por ese elevado caminar que dicen que tienen los poetas que pasean a un metro por encima del suelo.

Sonreía a cada paso que daba. Era imposible no verse intrigado por un personaje tan singular en la soledad de una hermosa calle vallisoletana. De manera que, como si del flautista de Hamelín se tratara, nos fuimos tras él y su cohorte de invitados hasta que descubrimos que era José Jiménez Lozano, a quien le otorgaba el Papa Francisco su más alta distinción a un seglar: la medalla "Pro Ecclesia et Pontifice", de manos del cardenal Ricardo Blázquez, que el poeta recibió "agradecido y endeudado".

Fue José Jiménez Lozano a quien primero leí escribir de un petirrojo en la prensa.

Hablaba de las migas de pan que nos pidió Emily Dickinson que le diéramos al petirrojo en su nombre: "Dadle, al de la corbata roja, /una migaja en mi memoria".

Cosas sin importancia, del sobrado de los días.

Como la corbata roja del galardonado.

republica.com, lunes 13 de noviembre de 2017

$\overset{37}{d}$ehesa

f. Bosque de encinas, alcornoques u otras especies arbóreas aclarado por la mano humana, creando, la persona y la Naturaleza, un nuevo ecosistema cerrado pero abierto a la luz, el agua, la vegetación, la ganadería, la agricultura y los pastos. Es tal el acierto que podríamos vivir toda la vida sin salir de la dehesa por la variedad y riqueza de los recursos que proporciona.

Llegamos a los cadozos la noche de San Juan, la noche llena de día. La luna empezaba a crecer sobre un cielo que no quería ni oscuridad ni estrellas, y los cadozos, esos ríos que se deshacen ahora en charcas y que no son más que una forma de callarse, de estivar el río, tenían aún esas flores blancas que alfombran el agua.

Los sapos de espuelas saltaban entre las huellas de las garzas y, el zampullín chico, esa miniatura de pato, se sumergía y dejaba sobre el agua unos círculos más pequeños que el de una gota de lluvia. Hacia el bosque de Merlín, un bosque amante de la niebla, cubiertos sus robles de barbas verdes de usneas, pastaban las vacas avileñas, negras como las alas de un cuervo, brillando su piel y sus ojos de un crepúsculo que iluminaba las espirales de avena sobre el horizonte como si quisieran decirnos que aquí todo gira, yerba, ganado y mundo, como es debido. Ayer por la mañana, el verano, dando sus primeros pasos, levantaba los saltamontes de la tierra mientras las cigüeñas dejaban dentro del nido a sus pollos, y a veinte nidos más de gorriatos.

En la zamorana **Dehesa** de Cadozos, las totovías te salen al camino y te preguntan: ¿cómo has podido vivir tanto tiempo sin conocer la hermosa comarca de Sayago?

ABC, martes 26 de junio de 2001

Hay algo en los museos que me impide respirar de la misma manera, no sé si será el exceso de arte, los altísimos techos, el aire acondicionado para mantener las pinturas, el eco de los pasos, la gente numerosa y desconocida, el cuadro allí, tan fuera de sitio.

Ya sean obras o colibríes disecados lo que guarden, me recuerdan siempre los museos a esos experimentos que hacía Miller para obtener la vida a partir de sus ingredientes y el pobre se daba por contento porque, al mezclarlos, obtenía aminoácidos, que vienen a ser como los ladrillos de la vida, es decir: ladrillos sin vida.

Todo lo contrario me sucede en las casas donde vivió algún artista y a las que llegas tras recorrer a lo mejor miles de kilómetros, saltando de cayo en cayo para encontrar que en la casa no queda más que una cama y una silla y una mesa que, probablemente, no eran ni la cama ni la silla ni la mesa del que desde allí escribía pero quedan los ladrillos, las paredes llenas de vida y de misterio, desde donde salieron volando las palabras.

Es como si una parte de la personalidad del autor estuviera allí todavía, igual que en sus libros, pero, ay, en los museos, ¿no convendría tal vez clasificar los cuadros más que por movimientos estéticos o por temas o por épocas, por la personalidad de cada uno de los artistas, no vaya a ser que de haber coincidido en vida se llevaran mal y eso es lo que yo percibo, una mezcla de personalidades que están juntas a la fuerza en un espacio sin alma en el que jamás vivió ninguno de ellos?

Sin embargo, sé que haré todo lo que pueda para ir al Museo del Prado antes de que vuele el "Ala de una carraca" de Alberto Durero, y que mientras tenga delante esta ala abierta que parece una montaña redondeada por el viento con su lago azul turquesa en lo más alto y sus neveros y sus praderas cayendo con los veinte arroyos azules que son sus rémiges, olvidaré que estoy en un museo.

Y cuando vuelen las carracas en primavera por las **dehesas** con los colores de África en las plumas, me acordaré de esta ala de Durero, donde la

Naturaleza adquirió un valor incalculable, al atravesar el alma y la mano de una persona.

ABC, sábado 12 de marzo de 2005

*

La **dehesa** tiene para mí el aliciente de ver cosas distintas a las que veo cada día: un gabato a la sombra, el águila calzada al sol, en el suelo las hormigas acarreando semillas más grandes que ellas, el abejaruco posado en una rama seca.

38
desborre

m. Apertura de las yemas. Con el desborre, asoma la borra algodonosa que llevan las yemas por dentro. Las ramas aparecen envueltas en la bruma sonrosada del árbol soñando con sus hojas y sus flores.

Como si alguien hubiera borrado la pizarra dejando una nube de tiza, así está el paisaje, desdibujado, sin saber por dónde anda. Con este viento del sur estamos teniendo en Galicia temperaturas de veinte grados, que notan las plantas. Hoy he visto una rosa florecida en la valla, y una cala blanca por la ventana, como si estuviéramos en abril. Por estas fechas, solían estar marchitas con la helada. Todo tiene lo que se llama en botánica un **desborre**, que es esa suerte de bruma de las yemas aéreas de las plantas cuando presentan la primera actividad, pasado el invierno, y que en los abedules es malva; y en los avellanos, con los primeros amentos, de un verde grisáceo. Entra el invierno y los salmones, cuando quieran subir, se van a encontrar con muy poco agua en los ríos y un desborre anticipado de los árboles de galería. Sólo la luz, acortando los días, parece la misma de siempre.

ABC, sábado 19 de diciembre de 2015

39
encamado, da

Se dice de la hierba alta y los cereales tumbados por la acción conjunta del agua y del viento dejando remolinos y hondonadas como si hubiera entrado a sestear el ganado. También para el animal echado a descansar.

Llevan dos días recolectando la hierba. Primero pasan con una suerte de trilladora que da vueltas y queda la hierba **encamada** pero no por la lluvia o el viento sino porque se ha quedado cortada en remolinos por el suelo. Luego viene una máquina y hace unos rollos con esta hierba, rulos les llaman por aquí, que luego quedan en el campo y que a mí me parece que adornan el paisaje, siempre y cuando no les pongan un plástico alrededor, dicen que es para protegerlo, pero en el fondo pienso que lo estropea, no sólo estéticamente, porque el plástico es blanco, incluso negro, sino porque la hierba respira peor y acaba, estoy segura, fermentando.

Es precioso además cuando acaban el trabajo y es ya por la tarde y la última luz del día, ésa que nos alcanza sorteando todas las espirales del universo, da justo sobre esta hierba que da vueltas sobre sí misma. Además del ir y venir de los tractores que a mí me encanta porque rompen el silencio de una manera continuada que no molesta, también los vencejos acuden a la siega, y con sus alas con forma de hoz bajan sobre el mar de hierba tumbada para capturar en vuelo todos esos insectos de saldo que salen despedidos con esta labor de la tarde de verano. Hay una luz además dorada, como de mies en sazón, que hace que todo parezca valer más que otros días porque la mejor luz del sol está tocando, como si fuera el baño de un metal precioso, todo lo que ilumina.

Pienso en todos esos lazos verdes de papel que están colgados ahora mismo en muchos pueblos donde también siegan en esta semana en la que los padres recogen a sus niños en las escuelas rurales sabiendo que no volverán el año que viene porque la escuela habrá cerrado, no por falta de niños, sino por falta de dinero, cuando la riqueza ¿quién podrá traerla a esos pueblos si no son estos niños de las escuelas?

Si ya se fueron despoblando los lugares pequeños, ¿qué será de ellos? Irán poco a poco desapareciendo de las ventanas los geranios y lo que eran campos de labor donde se trillaba en verano, estarán cubiertos de flores de todas las especies, como en un cementerio serán las flores más solitarias del mundo porque no habrá un niño para soplar las semillas del diente de león y lanzarlas al aire.

Entre tanta crisis y tanto mercado se nos está olvidando la realidad de la vida en los más pequeños lugares que son el granero de las grandes ciudades. Lo único que le faltaba ya al campo es que cerraran las escuelas rurales. Por los pueblos, al pasar este verano, se verán los lazos verdes con los que los padres, desesperados, las reclaman; lazos que son crespones por la tierra sin niños, sin alegría, sin canciones, sin recreos, sin escuela y sin futuro.

Nunca parecieron más tristes las amapolas.

republica.com, lunes 25 de junio de 2012

40
engañapastores

m. Ave críptica cuya característica principal son sus grandes ojos, su pico muy pequeño y su boca enorme rodeada de vibrisas con las que toca por el aire los insectos nocturnos de los que se alimenta en vuelo sobrevolando los rebaños en ocasiones, por lo que además recibe el nombre de chotacabras. Pertenece a la familia *Caprimulgidae* y está llena de curiosidades como la de su voz, que recuerda al croar de una rana, o la de su nido móvil, que cambia de lugar varias veces y que hace como un nómada sobre el suelo sin aportar materiales, además de su capacidad para mimetizarse por el día sobre la rama donde se posa longitudinalmente, al igual que suele hacer, al calor de los caminos, por la noche.

Yo no puedo ver un roble sin acordarme de Miguel Delibes. Como si sus palabras se hubieran quedado grabadas en la corteza de mi pensamiento, no he podido olvidar lo que me dijo: "Sin los robles, nos moriríamos".

Desde entonces, los robles son mis árboles más queridos. En realidad, las especies valen todas lo mismo, pero la especie sobre la que alguien pone una vez sus ojos, para luego hablar de ella de una manera inolvidable, o la describe para los demás en letras de molde: aulaga, perdiz, azulón, **engañapastores**, robles, adquieren, por haber sido dichas de verdad, un valor incalculable.

Puede que esa verdad sea lo más valioso de la Naturaleza. Quiero decir que la Naturaleza no valdría nada si nadie se fijara en ella, si no existieran personas que al estar en el campo tomaron nota con el alma y el pensamiento. El científico, que cree saberlo todo, se queda, aunque no lo sepa, en la superficie. En realidad, no se entera del todo. Le falta la literatura de la Naturaleza. Puede que esa literatura, de la que Miguel Delibes es maestro, sea aún más científica porque consigue aprehender lo que a otros, por mucho que estudien o que pasen horas contemplando el paisaje, se les escapa. Es como si el alma viniera ya así al mundo, con el encargo de apuntar lo que existe, lo que es verdad, lo que merece la pena, para que no se vaya todo del todo. Lejos de ser un don, es una dulce condena, una vida sacrificada a tomar nota de la vida. Por eso, con Miguel Delibes, todos estamos en deuda.

Anochece en este instante sobre un cielo despejado. Hay mirlos cantando a oscuras en un frutal florecido de blanco. Pero el viento está moviendo las ramas, uno de esos vientos fríos del Norte que se llevan, de un soplo, la vida de la Tierra.

ABC, sábado 13 de marzo de 2010 (escrito el 11 de marzo de 2010)

41
escarcha

f. Rocío helado.

Está amaneciendo y sobre la hierba hay **escarcha**. Un cuervo camina por un campo donde no ha caído la helada, y en las ramas de los castaños, deslucidas por el día, siguen colgadas las luces de Navidad.

Pasa la pescadera con su furgoneta y me ofrece jureles y judías verdes y peras rojas. Parece primavera, dice. Y es verdad, si no fuera por los adornos de Navidad, parece primavera. Tengo que quitarlo todo hoy mismo. Además, tampoco tuvieron mucho sentido, al volar mi marido en Nochebuena.

Me gustaría que se viera lo que trabaja. Hay más servicio público para sobrevolar el Atlántico toda la noche de Nochebuena que para cruzar Madrid de Oeste a Este. No hay taxis. Ni reservas a partir de las veinte horas, por lo que tengo que agradecer, se lo prometí, al señor de la Fuente, de Radio Taxi Gremial, que se ocupara de que alguien nos llevara esa noche al aeropuerto.

A los pilotos les gusta contar un chiste en el que se pregunta cómo se sabe quién es el piloto en una fiesta de mil personas: "No se preocupe: él se lo dirá". Puede que sea ese precisamente su mayor privilegio: poder decir que son pilotos. Lo demás es trabajo.

Un trabajo casi tan solitario como el de la escritura. Solitario y hermoso como el del farero, el torrero mirando al mar, así van mirando al cielo, de noche, cruzando el océano, las estrellas más cerca que nunca, y sólo una voz de vez en cuando rasga el silencio con sus rugidos, mientras la luna sale anaranjada entre las nubes.

En la mañana de Reyes, fui a buscarle temprano al aeropuerto de La Coruña. El avión que le traía pasó volando por encima de mi coche, justo cuando cruzaba la ría de El Burgo.

Al bajar, me saluda de lejos. Viene de uniforme y arrastra una maleta y la cartera de vuelo. Y se arrastra él mismo para alcanzar, por unos pocos días, su techo, su almohada, su horario, su casa, su vida. Sé de qué parte del mundo viene, las horas de vuelo que lleva encima, a las que añade este salto hasta Santiago o La Coruña para que yo vea amanecer en el campo. Y lo escriba.

Ya no soy guapa, ni los niños son niños, pero me sonríe y dice: "qué guapa estás, ¿qué tal los niños?". Te están esperando.

Artículos sentimentales, 2008

42
escribano

m. Nombre vulgar que reciben algunas aves por mostrar, sobre la cáscara de los huevos, trazos y puntos que recuerdan a los de una escritura.

Aran la tierra para sembrar el maíz y estridulan los grillos bajo el sol. Al mar de tierra petrificado, acuden las torcazas y las primeras tórtolas. Canta un **escribano** soteño. Qué cortos se hacen los días más largos del año.

ABC, miércoles 19 de mayo de 2010

43
estela

f. Huella efímera en el aire o el agua.

Ortigia es una pequeña isla donde el atardecer no se ve: se toca con los ojos.

Hay una calma que no es real y que cae con la luz sobre las casas, que son del color de la piedra y de la tierra en Sicilia, como de barro muy claro, porque todo amago de oscuridad se lo llevó la luz del sol con el paso de los siglos.

Es sobre esta gran roca que es Ortigia sobre la que se fundó la ciudad de Siracusa, en Sicilia, donde nada extraña que griegos, fenicios, romanos, españoles de Aragón, ansiaran todos vivir en esta fortaleza llamada, originalmente, roca de las gaviotas.

Pero no son las gaviotas lo que más llama la atención de Ortigia, sino los vencejos al atardecer en enjambre, volando tan bajos sobre el mar que en vez de insectos se diría que quieren peces, mientras dibujan en el aire círculos como los que estaba pintando Arquímedes en uno de sus problemas cuando un soldado romano le quitó, aquí, donde nació, la vida. Antes dicen que dijo: "Dejad tranquilos a mis círculos".

Según pude observar, anidan estos vencejos en los agujeros de los muros de Ortigia que dan al mar, como si también estos pájaros que debieron de instalarse aquí tras las construcción de los muros pues son aves que al no saber emprender el vuelo desde el suelo buscan para vivir lo más parecido a un acantilado, quisieran defender como algo suyo Siracusa, al igual que hiciera Arquímedes con toda suerte de artilugios; y aunque digan que tal vez no sea verdad, a mi me encanta pensar que sí, que orientando espejos hacia el sol, quemaba de lejos Arquímedes las velas de los barcos que asediaban la ciudad.

Hubiera querido comprar un libro que me contara su vida. Leer algo, aunque fuera en italiano, de "Sobre los cuerpos flotantes". O saber dónde vivió exactamente, qué pensaba del atardecer en Ortigia. Iba yo de una librería a otra y en todas partes me corregían pues no se dice Arquímedes, sino Archimede, sin acento. Al final, una librería estaba cerrada, la otra tenía una presentación de un escritor con cuatro amigos, y en la última que me quedaba, no tenían nada del sabio que había defendido la ciudad donde viven. Resignada, me senté en el bordillo de piedra de la fuente de una plaza durante un buen rato, y ahora que regreso me doy cuenta de que estaba sentada sobre la fuente de la plaza de Archimede, en Ortigia.

"Dadme un punto de apoyo y moveré la Tierra"... "Dejad tranquilos a mis círculos"... a los vencejos que pasan volando como pensamientos sobre las cabezas de los que hacen fotos al sol, toman un helado en bicicleta, o pescan en el muelle tan quietos que el sedal se confunde con su figura, oscura y negra, contra el anaranjado sol del atardecer cayendo sobre el mar mientras un barco abre una tímida **estela**.

republica.com, lunes 30 de mayo de 2011

44
estrella

f. Sol lejano.

La luna llena se turna con el sol para que olvidemos los espacios oscuros, los espacios en blanco, que hay entre las **estrellas**, donde viven planetas que nadie ha descubierto, y todos los brillos que no han tenido tiempo de llegar a la Tierra.

ABC, domingo 1 de agosto de 2004

*

Las ramas de un castaño que no me dejaban ver las luces de Merille, las podé este fin de semana en verde.

Si los árboles dispusieran de ojos, serían los que mejor vista tendrían, porque son los únicos que pueden contemplar desde arriba, mientras todo pasa, sin moverse del sitio, cómo cambia el paisaje.

Ahora que la vista me ha quedado libre sin estas ramas, lo primero que veo, emergiendo de una tierra seca, es el maizal; después el pasto casi ya agostado; luego el verdor silvestre del helechal, y a continuación ese verde lejano de los eucaliptos, que es oscuro y triste como la sombra que dan. Más allá, ese otro verde nuevo y tierno, inocente, aún pudiendo ser viejísimo, de los robles, y entre ellos el verdor caluroso de algún pinar; y por fin, al fondo, como si fuera un pueblo castellano, mirando a poniente, en un claro del monte, rodeado de huertas y de pastos, Merille.

Fue lo que más me llamó la atención la primera noche que pasé aquí, hace veinte años. Recuerdo mi asombro por ese cúmulo luminoso del otro lado del valle, tan a lo lejos que parecía que, sin movernos del sitio, estábamos aterrizando. Aquéllas ocho, tal vez diez luces en la oscuridad, de las casas de enfrente con cuyos dueños, puede que jamás me haya visto las caras. Pero nos vemos las casas. Y las luces.

Por aquí vivió un escritor que veía desde su pazo también Merille, y así es como firmaba con su pseudónimo, Pedro de Merille, las cosas que en folletín iba escribiendo para un periódico local sobre las costumbres de los paisanos y sus refranes: "Refranero agrícola-meteorológico" (1906).

Imagino a Pedro de Merille, empeñado en recolectar lo que le contaban los campesinos, porque la Naturaleza, a lo mejor sigue sin nosotros, pero se perdería lo que albergaban esas personas de sus experiencias con ella, si nadie las escribiera. Por eso, aunque quizás fuera uno de esos poetas krausistas de los que me contaron que por aquí vivieron, defensores del panenteísmo, se me antoja Pedro de Merille un humanista. ¿Cómo pudo escribir él mismo en su epitafio que fue desventurado teniéndolo todo, aparentemente, y viviendo en un lugar como éste?

Imagino que todavía se ve Merille desde el pazo, aunque está rodeado de unos abetos que crecen tan ordenados que los haces de luz que entran parecen los barrotes oblicuos de una cárcel. Me acerco todo lo que puedo por un camino donde encuentro cerezos silvestres y piedras que han rodado con el agua que, al final, es el elemento de la Naturaleza más fuerte de todos.

Las luces de Merille, anoche me senté a contemplarlas, bajo la parra. Había claridad todavía porque estamos en los días más largos del año, con esos atardeceres inacabables, rojizos por el oeste y de un azul profundo y marino por donde llega la noche, mientras los perros ladran y se encienden como **estrellas** lejanas, misteriosas, inalcanzables, las luces de Merille.

45
estridular

<hr>

Se dice de los grillos: chirriar frotando los élitros o las alas haciendo un sonido que recuerda a una voz aunque no la tengan. A este cantar de los grillos se le llama también grillar.

Es de día, y están cantando los grillos.

En realidad no cantan porque no tienen voz, sino que **estridulan**, es decir que chirrían frotando las alas, los élitros, y ese sonido un poco metálico, ese estridor, es el que estoy oyendo ahora mismo. La verdad es que no son horas para estar escribiendo, sino para dormir la siesta, con este ruido de grillos. Da sueño su sonido como si ya fuera de noche y no esta hora asesina, que decía Delibes, en "Señora de rojo sobre fondo gris", cuando se refería a la hora que le habían puesto a su mujer para ir al médico: las cuatro de la tarde.

Pues a esta hora, en la que todo tendría que detenerse, los grillos no paran, incluso cantan a mayor velocidad que si fuera de noche. Esto ya, como tantas otras cosas que parece mentira que alguien le haya dedicado el tiempo, está muy estudiado, y se sabe que los grillos se callan por debajo de los doce grados. Por otro lado, aumenta la frecuencia de los chirridos según va aumentando la temperatura, y así los grillos campestres llegan a estridular cincuenta veces en diez segundos si la temperatura es de veintisiete grados centígrados; y la mitad si baja a diecisiete grados. Es decir: que el grillo, aunque no lo parezca, canta menos de noche.

Lo que ocurre, es que en la noche hay menos sonidos, porque ahora están cantando como locos los grillos pero también hay ruido de gorriones alimentando a sus pollos, y de coches y de trenes que pasan, y así ese estridular que es tan fuerte y tan agudo que rodea mejor los obstáculos, se apaga con las voces del día, aunque sea el sol sobre la tierra lo que haga cantar al grillo.

También tiene otros motivos, porque hay grillos que se ponen a cantar cuando aún hace frío, e incluso cuando está nublado. Se trata de lo que sucede cuando aran la tierra y se desorganizan repentinamente sus galerías, y así puede pasar que mientras en el campo en el que nadie ha trabajado, permanezcan los grillos en silencio, justo al lado, separados por la línea del surco que el tractor dejó arado y que hace de frontera, empiezan a cantar los grillos porque sus galerías se han roto y con ellas el territorio que entre todos tenían trazado. Esto es algo que solo se observa cuando no se tiene otra cosa que hacer, no ya que mirar, sino que escuchar la tierra.

Y así también, oyendo a los grillos, se aprecia que no cantan como las bandadas de pájaros cuando van juntos, sino que en realidad cada grillo es un solista que quisiera cantar solo en el mundo. Y también que el retumbar de la tierra con nuestros pasos, según te acercas a sus huras, hace callar a los grillos. Por eso cuando camino por este campo de grillos que antes fuera campo de lino para hacer colchas y sábanas, se van callando por turnos, como si se estuviera enfriando la tierra con mis pasos. O como si hubiera llegado la noche.

Pero es siempre de noche cuando los oímos por vez primera, y nos pasa como cuando llegan las codornices, las tórtolas o las golondrinas, y su sonido, que oímos con la misma sorpresa que si lo hubiéramos olvidado, nos recuerda a todos los veranos vividos.

46
fimbria

---

f. Fleco del borde del ala de las mariposas.

Llevo dos días haciendo fotos con el soporte de un trípode, y la vida ha cambiado.

Ahora puedo enfocar de cerca, sin que se note que me tiembla el pulso, y yo creo que hasta el corazón, cuando tengo algo enfocado y pienso "que no se vaya volando", como hace unos días una mariposa, tal vez una saltacercas, que abrió las alas a modo de libro al sol para que la luz leyera.

La imagen, de lejos, no valía nada, un trozo de pasto donde han florecido las manzanillas, menos que otros veranos, y unos tréboles de flor blanca, entre los que se había posado la mariposa parda para abrir o cerrar las alas si se cubría el cielo al pasar las nubes como hojas. Puede que el sol sea un interruptor. Al menos lo es para las mariposas que salen a volar y se quedan quietas con las alas abiertas como si bebieran el calor del aire.

Fue entonces cuando, al tener la máquina de fotos al fin apoyada en tres patas, como las patas para apoyar un caldero sobre el fuego, creo recordar que tenía un nombre, que ahora no me viene a la memoria, quedaba la imagen fija a lo lejos y hacia ella pude ir acercando el zoom sin que temblara para ir a posarse en las alas de la saltacercas donde brillaba, con un punto blanco, la imagen de un ocelo, un brillante ojo negro pintado en cada ala para asustar a sus depredadores. De estos dibujos o coloraciones disuasorias, se dice que son aposemáticos.

Suelo fijarme mucho en los bordes de las alas de las mariposas, no sólo por esos flecos llamados **fimbrias** que en ocasiones están ajedrezados, y que son tan delicados que resulta imposible creer que solo haya vida sobre la Tierra, que tanta delicadeza se haya hecho solo para este tosco planeta que se ha redondeado a fuerza de dar vueltas, sino que también me llama mucho la atención la marca de los picotazos que a veces presentan las alas, lo cual da una idea de la eficacia a la hora de escapar de estas, en apariencia, frágiles mariposas.

Cuando navego, las veo sobrevolar el océano, a poca altura sobre la superficie, sin miedo a mojarse las alas, o se atreven a pasar el invierno en la oscuridad de una cueva, donde duermen posadas y con las alas cerradas a la altura de los ojos de una persona.

Cada vez me interesa más la parte del ala menos vistosa, la que imita el vermiculado de la corteza de un tronco, o los colores de una hoja, y también esas mariposas que en principio no dicen nada porque no tienen colores muy llamativos, pero en las que luego te fijas y observas que tienen unas líneas onduladas como las que deja la arena en la playa.

En cuanto acabe de escribir saldré a dar un paseo, por vez primera con el trípode al hombro, como un vagamundo con su hatillo, sin saber todavía qué podré ver tan de cerca que será como si nunca antes lo hubiera visto.

Así también me parecerá esta noche la luna llena, al ser el primer eclipse lunar que pueda fotografiar de cerca, con esos tonos pardo rojizos de la luna nublada por la Tierra.

republica.com, lunes 7 de agosto de 2017

47

flor

f. Adorno vegetal reproductor.

El cielo estaba azul, de un azul antiguo, y en el aire helado se posaban los gérmenes y los nuevos humos; media ciudad estaba enferma el día que murió Camilo José Cela.

Desde arriba, la ciudad del bienestar se veía como al fondo de un lago, sumergida en todos sus grises, hasta que el avión se adentró en un frente de nubes que venía barriendo la Península de Oeste a Este. Ya en Santiago de Compostela, llovía una lluvia ruidosa, desconsoladora, una de esas lluvias del día que hacen desear la noche, para oírlas desde la cama. En uno de los mostradores de la terminal de pasajeros, un limpiabotas lloraba la muerte de Camilo José Cela: "Era mi amigo, salvando las distancias", decía al que le daba el pésame; "ha sido un mazazo", y sus brumosos ojos azules se le aguaban. Las camelias de los jardines estaban florecidas de blanco, con el borde de los pétalos oxidados por la escarcha. Y una urraca, que es ave del purgatorio, pasó volando hacia un monte profusamente alumbrado por las **flores** amarillas del tojo, que son las flores más gallegas.

Qué raro se me hace el mundo sin Camilo José Cela escribiendo. Tiene razón Alfonso González Puentes, el erudito limpiabotas: "Hay días que no deberían amanecer nunca".

ABC, sábado 19 de enero de 2002

∗

Pilar enreda con sus manos esos tallos verdes que se dejan guiar por un techo de alambres, un tejado hoy de **flores** blancas que se derrumban con el agua. Tiene miedo por lo que no tiene, y dice mirando al cielo: "¡Ay, si esta lluvia se lleva mis habas!"

ABC, domingo 11 de agosto de 2002

＊

Creo en la gota de agua cuyas ondas alcanzan el final del estanque, creo en las minúsculas semillas de la **flor** sembrada. El pensamiento, los ojos, las manos del *Homo sapiens*, no pueden abarcar el mundo todo, pero sí un poco más allá de la propia vida y de la propia casa.

ABC, miércoles 28 de agosto de 2002

fronde

m. Lámina vegetal de los helechos. No es correcto llamar hoja a un fronde. Es más primitivo y más complejo. No sólo realiza la función clorofílica sino que interviene en la reproducción si porta en su envés los soros.

Hoy, en los brezales, y en casi todas las tierras silíceas de la cornisa cantábrica veremos en la cuneta o bajo los eucaliptos un helecho verde que amarillea. En algunos lugares lo llaman helecho de trueno porque se bendice en San Juan y se quema cuando el cielo truena.

En Galicia se usa para hacer la cama a los terneros y ayer todavía se repartía el verde más intenso de esta tierra con un maíz de escabezos y mazorcas despeinadas.

Hace días que los pastos están secos, que falta la hierba, que parece de verdad que la lluvia y los truenos están escondidos bajo los brezales, como un rizoma de helecho de trueno, que a un metro de profundidad crece no hacia abajo, sino en horizontal, hasta cubrir toda la superficie del brezal, o de todo un bosque de eucalipto, el ladrón de sol, el ladrón de agua.

Es muy raro que en lo que parece la hoja del helecho de trueno –el **fronde**– veamos soros y esporas porque se multiplica bajo tierra gracias al rizoma que es perenne, pero los frondes son caducos.

Están tan amarillos los pastos que, tal vez, antes de descalzar a los eucaliptos, los helechos nos devuelvan la lluvia y los truenos.

ABC, sábado 15 de agosto de 1998

49
fruta

f. Fruto comestible.

Los martes, jueves y sábados, se extienden de manera discreta, cerca de la iglesia de Santo Domingo, los puestecitos de Betanzos.

Lo más parecido que he visto a la imagen que conforman, es en Montmartre "la place du Tertre" donde los pintores ofrecen sus cuadros, solo que aquí es la propia pintura viva lo que vemos, al crear una estampa que cualquier artista impresionista hubiera plasmado, de haber pasado por delante.

Siempre siento la tentación, al verles, de hacerles una foto, para atrapar la expresión de sus caras, su rostro lleno de sol y de lluvia, de pensamientos de niebla, de sabiduría de siglos. Pero no me atrevo. Por eso lo escribo. Escribir es la única forma que he encontrado para que la belleza no se me vaya del todo si me la encuentro y no sé por qué, a mí estos puestecitos de Betanzos, me emocionan profundamente como si se me hubiera dado a ver lo más hermoso del mundo.

Esta mañana, se me fueron los ojos hacia un matrimonio, un hombre y una mujer que, bajo su sombrilla, tenían, a modo de mostrador que parecía hecho de mimbre, unas ristras de cebollas engarzadas sobre las que asomaban sus rostros. No son las cosas, es la gente. O la gente con esas cosas. Quiero decir que la plaza con estos mismos puestos, si no tuvieran a estas personas vendiendo, no valdrían nada. Son ellos los que valen.

No las patatas, ni las flores, ni los huevos caseros, ni los pimientos, aún siendo los mejores que se pueden adquirir en muchos kilómetros a la redonda, sino las personas que los venden, Manuela con sus quesos, Geluca sus pexegos, Elena con sus judías verdes de bordes fucsias.

Todo tiene aquí el colorido de las flores, porque también venden flores que contagian al aire un no sé qué inocente de blancura de queso, de paños de cuadros azul claro, de mieles recién recolectadas, de huevos que parecen puestos en un nido, de **frutas** que no ves en ninguna otra parte, de nueces que acaba de soltar el nogal a la tierra como quien da una limosna que es toda su riqueza.

Todo aquí es reciente. No ha hecho largos viajes. Han bajado del monte estas cuatro personas, algunas muy entradas en años, con la alegría de un regato para que lata el corazón de la ciudad de los caballeros. Da igual que haga sol, o que llueva, siempre están bajo una sombrilla. Me gusta más cuando llueve y entonces la verdura se esponja y tienes que entrar bajo el alero de la sombrilla para resguardarte y parece que entras en una casa, la suya, que es este puestecito en el que está todo lo que ha dado la tierra ese día y que te hace sentir igual que si poseyeras lo que dio la Tierra a la largo de toda su existencia porque cualquier cosa que te lleves de aquí, es verdadero, fruto de esa escasa y sencilla verdad de la manzana con gusano, de la cáscara con alguna pluma, de las habas recién salidas de su vaina, del queso recién hecho.

Flota además en estos puestos una cierta alegría infantil, como si estuviéramos jugando a los tenderos, por la manera de atenderte y por cómo te miran, igual que un niño que ha montado un puesto y se le ilumina la cara al ver que te acercas para comprar algo.

Lo que dan vale tanto que no me atrevo a decírselo porque sales de allí, no ya con la fruta y la verdura sino con la felicidad de haber charlado con ellos, aunque solo sea un rato.

Escuché hace muchos años decir a una misionera que cuando volvía de las misiones e iba a un hipermercado, tenía dada más de una vez la vuelta, estando ya con el carro, agobiada con tanta oferta.

A mí empieza a pasarme algo parecido.

Cada vez me gustan más estos puestecitos donde pervive lo que hubo por las aldeas y que miro igual que a las efímeras flores silvestres.

Puede que un día no estén ahí, aunque sea martes, jueves o sábado.

republica.com, martes 29 de agosto de 2017

galería

f. Se dice del bosque asomado al río haciendo un pasillo de especies distintas del resto del paisaje. Conforma en ocasiones un túnel sobre el agua; de ahí la denominación de bosque de galería, por las galerías de las minas.

girasol

m. Hierba anual de la familia *Asteraceae* cuyo gran capítulo floral, casi siempre lleno de insectos, puede quedarse mirando hacia el primer sol de día que viene por el Este. Los gorriones se sientan en sus cabezas para pelar las pipas con el pico.

El arte es un alimento que da más hambre.

Chagall, además, no pinta lo que ve sino lo que sueña y entonces quieres soñar más, como cuando Chagall era niño y llevaba, por su Vitebsk ruso natal, pan con mantequilla a todas partes y quería estar siempre comiendo, bostezando, soñando, nadando en el río.

"Lo primero que vieron mis ojos fue un abrevadero", nos dice en su autobiografía, escrita como si pintara, de una manera también deslumbrante: "Estoy solo en el río. Me baño. Apenas remuevo las aguas.

Alrededor reposa la ciudad. El cielo lechoso, negro azulado, todavía es más azul a la izquierda y en lo más alto resplandece la felicidad del cielo."

Por un momento, en la obra "Maternidad", me recuerda a Frida Kahlo, porque hay en sus cuadros no solo imaginaciones sino colores mexicanos, aunque luego nos devuelve a Rusia y a la vista por las ventanas, que son todas maravillosas, como una que hay con un paño blanco, a modo de visillo, y dos caras de perfil mirando como si estuvieran soñando con los ojos muy abiertos, viendo más allá de los abedules de troncos refulgentes, entre un verdor donde parecen asomar por el cielo las hojas compuestas de las acacias.

Ese mismo verde, vivísimo e inocente, está en muchos cuadros, como el del poeta soñando, tumbado sobre la misma hierba, mientras pastan los animales con una calma que es la del poeta trabajando mientras parece que no hace nada.

Hay que ver las dos exposiciones. Primero la del Thyssen, donde nada más entrar lees: "El camino de la poesía", y entonces ya sabes que no saldrás igual. Después hay que volver a la gris realidad de la calle para subir por el Congreso hasta alcanzar la Puerta del Sol, donde preguntas por Arenal y por la Casa de las Alhajas en la que, al entrar, se te pone la carne de gallina al asistir a los fuegos del final, a esa explosión de la imaginación con los amarillos; azules de ultramar; rojos de gallo que parecen caballitos de niño o incendios de estufas aunque hubiera al lado cubos de agua; blancos puros, inmisericordes, de la guerra. Es imposible resumir todo esto porque la vida es una y los sueños (también en Chagall) un millón.

¿Me ha gustado? Me ha entusiasmado, hasta los cuadros que no están y que veo después en un libro, como el de la pareja dormida y feliz sobre un ramo de saúco florecido.

En las dos exposiciones dejo una bolsa y me entregan el mismo número: el 47, que recojo con unos guantes de piel que tienen el mismo amarillo de los **girasoles** rusos, el amarillo Chagall.

Murió en 1985. ¿Cómo es posible que se me muriera este artista sin saber yo hasta hoy que vivía?

Qué suerte saber pintar las palabras. Y la infancia.

Es un niño y es un hombre que debajo de una mesa, o enfermo, o encerrado en una cárcel se encuentra bien, si le dejan pintar.

Maravilloso Marc Chagall.

republica.com, lunes 24 de septiembre de 2012

*

Cae la tarde sobre la espalda de los **girasoles.**

Una bruma marina se adentra silenciosa, lentamente, anunciando cambios para mañana. Las vacas siguen a lo suyo, que es pastar, como si no percibieran estos cambios, o no les importara en absoluto. El mar los nota todos. Estaba el agua de la ría revuelta esta mañana, aunque en calma. Una lavandera salió de la orilla y se fue volando mar adentro, dando saltos como si sobrevolara olas invisibles, dibujando su forma, sin llegar a tocar jamás el agua. Se perdió de vista en línea recta, haciendo ondas, como la cuerda de una comba, hacia una batea y a los pocos minutos regresó a la playa para caminar entre las algas.

Sentada, con los pies en la arena, leía a Ludwig Wittgenstein, sus aforismos: "También los pensamientos caen a veces inmaduros del árbol". Después de leer algo así, al menos yo, no soy capaz de hacer otra cosa más que levantar la vista para mirar con perspectiva el pensamiento, como la lavandera marchándose.

¿Escribiría Wittgenstein estos "Aforismos. Cultura y Valor" mientras estuvo en una cabaña de pescadores en Noruega? ¿O quizás en Galway, en Irlanda? No lo sé. Pero recuerdo haber leído que daba instrucciones para que le dejaran la comida a distancia de tal manera que nadie le importunara, mientras leía, escribía y pensaba. Qué tranquilidad. Algo que resulta casi tan imposible como encontrar, el silencio, algún lugar en el aire.

Anoche, estuve completamente de acuerdo con él, cuando leí lo que escribió acerca de la poesía y de la música, y la manera en la que creen los hombres que no aprenderán nada de ellas, como si la poesía no revelara algo quizás más valioso que una fórmula científica. Me refiero al aforismo número 194:

"Los hombres de hoy creen que los científicos están ahí para enseñarles, los poetas y los músicos para alegrarles. Que estos tengan algo que enseñarles es algo que no se les ocurre".

También me gustó, como para no olvidarlo, el aforismo número 383:

"Schiller escribe en una carta (me parece que es a Goethe) de un "estado de ánimo poético". Creo que sé a qué se refiere, creo reconocerlo. Es aquel estado de ánimo en el que se es receptivo a la naturaleza y en el que los pensamientos parecen tan vivos como la naturaleza".

Pasa la tarde y pasa el silencio, que es cuando el tiempo camina de puntillas, los segundos, esos ciempiés, sin hacer ruido. Pero siempre se oye algo. Un tractor, una motosierra, allí abajo, en el monte, trayendo luego el remolque lleno de troncos, con la misma medida, tan cargado que casi no puede subir por la cuesta, como si las raíces tiraran aún de los árboles talados a matarrasa.

Por aquí, todavía verdes, ya están los castaños llenos de erizos.

"También los pensamientos caen a veces inmaduros del árbol".

Todo empieza a tener un cierto aire de final aunque estén plenamente florecidos los girasoles, amarillos como el verano.

Sigo leyendo a Wittgenstein, aforismo número 393... "quisiera ser leído lentamente. (Como yo mismo leo)."

republica.com, lunes 10 de agosto de 2015

52
haya

m. *Fagus sylvatica.* Árbol que puede alcanzar 30 o 40 metros de altura cuyo tronco, de corteza grisácea y lisa, al principio verdosa, crece muy derecho y cuyas ramas se extienden en horizontal como brazos con unas hojas alternas y ovaladas que salen todas a la vez de una manera muy tardía, bien entrada la primavera, y que a su vez tardan en otoño más en caer, al ser marcescentes. Sus frutos, muy característicos por presentar tres aristas muy marcadas, se denominan hayucos y constituyen una fuente de alimento para mamíferos de muy diferentes tamaños como el lirón, o el oso pardo, hasta el punto que la fecundidad de las hembras del oso pardo puede depender en ocasiones de la abundancia de hayucos. Con estos hayucos se elaboraba aceite para las lámparas, y con la madera del haya, todo tipo de utensilios, además de emplearse para piezas de carrocería, construcción naval y aeronáutica por su resistencia a los choques. Para la reproducción precisa el haya estar en ambientes umbríos y húmedos, con un dosel vegetal protector que se dan unos ejemplares a otros, siendo el hayedo o bosque donde el haya es la especie dominante, uno de los bosques más hermosos, no sólo por sus colores ocres en otoño, verdes en primavera y violáceos en invierno, sino por remitir el hayedo al bosque de los cuentos.

Cada flor tiene su momento y los árboles, su turno. Un estricto turno entre las especies, un orden que señala cuándo les toca brotar a las hojas en los árboles de hoja caduca.

Los últimos son siempre las **hayas**. Pero, ay, cuando lo hacen, parece un parto de las hojas porque salen todas a la vez, como si estuvieran envueltas igual que los pétalos de una amapola en su cápsula, y al desplegarse traen ya el tamaño definitivo y un color muy verde y muy inocente, como de berro de los prados, y una pelusa blanca muy suave que parece el plumón de un pájaro. De momento, no hay pimpollos. Y eso que esto no va de sur a norte, ni de norte a sur, sino con la altitud. Y aún así un haya que planté casi a nivel del mar tiene todavía hoy en las ramas las hojas del otoño, marrones y resecas. Y como todo está ya verde y florecido me dicen: "¿pero qué le ha pasado a este árbol? ¿por qué no lo quitas?".

Lo que me preocupa, es cuando yo muera.

Tengo que ponerle un letrero, que diga: "SOY EL ÚLTIMO", para que nadie lo corte, cuando yo falte.

ABC, lunes 25 de agosto de 2005

53
hierba

f. Planta anual o vivaz cuyos tallos tienen poca consistencia, al no estar lignificados. Forma los pastos y los céspedes y no pierde la hierba su nombre cuando está segada. También se escribe con "y".

Yo tenía unos jardineros a los que, para ser perfectos, sólo les faltaba ser enterradores. Se llamaban Rosa y Jacinto. Cortaban la hierba de este lugar: una tierra arada desde hace tantos siglos que jamás hubo manera de alisar los surcos milenarios donde creció el maíz y el lino, por los que subían y bajaban Rosa y Jacinto con el cortacésped atravesando la infinita **yerba**, lo cual les daba un aire un poco marinero.

Vine aquí con tantas ganas de vida silvestre que al principio me juré que la yerba sería heno, donde pudieran desaparecer los pájaros como los peces entre las algas. Y así fue la primera primavera. La yerba espigó, llenándose de flores, y todo el horizonte de unos pájaros que no serían más grandes que un jilguero, de cabeza negra y cuerpo pardo y algo de blanco en el cuello, llamados tarabillas por hacer el ruido de una mujer parlanchina, o de la cítola de los molinos, esa tablita que avisa a los molineros haciendo un ruido parecido al canto que emite este pájaro posado en la rama más débil.

No quiere la tarabilla esos insectos de saldo, rotos, de la hierba cortada, sino el insecto vivo y volandero que busca el néctar de las flores recién nacidas, y en los brazos del aire deja correr el tiempo, hasta un minuto, antes de lanzarse sobre la pieza, siempre con el sol de frente, para que su sombra no lo delate. Y así todo es un cernir: la flor sobre el pasto, el insecto sobre la flor, el pájaro sobre el insecto, y el sol sobre el pájaro.

Hasta que llegó el verano. La hierba, cumplido su ciclo, se agostó, y cuando te despertabas, ya no sabías si estabas en tu casa o en algún lugar de Castilla. Primero, por no llegar a la raíz el rocío de la madrugada, que es el riego automático de este lugar; y segundo, por dejar que la hierba floreciera tanto, ya que la mata que florece se queda exhausta, agotada de verdes como si, en vez de florecer, hubiera parido la planta. No hubo más remedio: con guadaña o como fuera, había que segar la hierba.

Rosa y Jacinto trabajaban fuera, y yo dentro de esta galería. De vez en cuando, se cruzaban nuestras miradas: yo quería estar fuera, y ellos querían estar dentro. Cada uno a la suyo, cuatro veces por semana, yo escribía, y Rosa y Jacinto cortaban la hierba. Más de una vez me han dicho que por qué no escribo más, o en más sitios, y yo siempre he contestado: para mí es suficiente: escribo lo que se tarda en segar la hierba. Pero, al mismo tiempo, a todos los que venían de veraneo y me preguntaban ¿conoces a alguien que corte la hierba?, yo siempre les decía: Rosa y Jacinto, claro.

Y ahora me encuentro que Rosa y Jacinto, después de tantos inviernos, han sucumbido a la ley de la oferta y la demanda, el mercado, esas cosas que la gente sigue como a una brújula que no se decide jamás a señalar el norte, para picar y aplicar el aquí y el allí y el ahora, la promiscuidad, a las cosas esenciales de la vida: la casa, el trabajo, la pareja, el campo, los jardines.

Me han dejado en primavera. Si ven que la semana que viene no escribo, no es que me haya ido, es que estoy fuera, cortando la hierba.

Artículos sentimentales, 2008

hojarasca

f. Hojas caídas al suelo de un árbol. La hojarasca es su sombra cuando ya no es nada.

Hoy es el primer día en el que hace bueno. El primero en muchos días en el que el cielo está despejado, aunque todavía brillen, sobre las ramas deshojadas, las últimas gotas de lluvia que cayeron. Pero la tierra sigue muy fría. Los mirlos levantan las hojas con el pico como si solo al abrigo de la **hojarasca**, pudieran encontrar alguna lombriz que haya sobrevivido a este invierno. Sin embargo hoy, ya se ven signos de que esto se acaba. El aliso florecido, y sus amentos sobre el valle, o la magnolia con sus flores a punto de abrirse, aunque aún abrigadas por dos sépalos suaves como de terciopelo y de un verde muy claro, seco, como de hoja de olivo. Yo a veces corto unas ramas de estas magnolias y las pongo dentro de casa y se abren a los pocos días, porque hasta las flores están hoy más a gusto dentro de una habitación que afuera. Todavía hace frío. Todavía puede llover y embarrarse los caminos de nuevo. Pero la luz está creciendo y hay un algo que dice que esto se termina. Ayer me compré unos guantes rojos que estoy deseando estrenar en cuanto acabe este artículo. Nunca he tenido unos guantes de jardín de este color. Pero me hace una ilusión enorme estrenarlos. Hasta hoy no hice nada. El frío me paraliza más que la lluvia. Y al igual que están saliendo a arar los campos, me apetece ponerme a la tarea, podar varas huecas de saúco, recolectar las naranjas de las ramas más altas, o cortar los sarmientos que dan en la lumbre unas brasas rojas como el vino, de un olor dulce como el de las uvas.

Y mañana le pediré a Antonio que me labre la huerta, una vez más, pero este año haré bancales, porque aunque siempre el campo sea lo mismo, es cada año algo distinto. Los grelos están floreciendo más tarde, pasados los carnavales. Todo está algo retrasado. Por tanta lluvia y tanto frío.

Pero hoy hace sol y es como si saliera por vez primera en el mundo.

ABC, sábado 20 de febrero de 2010

55
hortensia

f. Planta del género *Hydrangea* con hojas de un verde limpio en las que resuena la lluvia con sonido de gotera, y grandes flores compuestas. Hay hortensias de flores rosas, azules, blancas. Suelen virar al verde, o al malva, cuando los días se acortan.

Como la sed, será la necesidad de belleza.

O eso me parece mientras camino y corro de vez en cuando, observando de reojo los parterres, con los pensamientos y las belloritas cubiertas de rocío. Sentados en un banco, dos jardineros, un hombre y una mujer tomándose un café de termo, vestidos de verde fosforito, las piernas estiradas, los gorriones comiendo a sus pies las migas que se les han caído.

No hay nadie. O casi nadie. Hace frío. Voy dando un paseo, escuchando "Los chicos del coro". Acabo de ver una casa de cuento, entre las ramas herrumbrosas de los castaños, y al dar la vuelta, me encuentro a estas dos personas, en un jardín inmenso, recortados en relieve sobre un paisaje que no es nada cuando hay alguien, dos jardineros del Retiro que descansan como los rastrillos apoyados en el banco. Me pregunto qué haría Lautrec, con qué trazo los hubiera esbozado. *Les esquisses*, me dice mi hijo que se llaman en francés a los bocetos, eso que de pronto aparece y quieres que no pase aunque sepas que nunca volverá a suceder a pesar de dibujarlo para siempre.

"¿Cómo es posible? ¿Por qué hay tantas personas mirando las obras de Toulouse-Lautrec?", me dirijo de nuevo a mi hijo Roberto que vive cada día en un cuadro de Montmartre, aún sin pintar, de la calle Burq.

Fue el domingo cuando me llevó al museo, adonde arrastramos también a mi madre, quien camina mucho más despacio que nosotros. Ya en el Thyssen le ofrecieron un bastón o una silla, que rechazó de plano y se fue casi saltando como una niña hacia la exposición, tan bien anunciada, con un letrero sencillo y artístico, al llenarse de luz los huecos oscuros de las letras donde, intercaladas, se leían: Picasso y Lautrec.

¡Qué distintos son! A pesar de las similitudes que en apariencia tienen algunas de sus obras, pero donde en Picasso hay trabajo, en Lautrec trazo, fogonazo del pincel, acierto a la primera de la mano.

Me gusta mucho la anécdota que leo ahora sobre el retrato de Leclerc, en la que cuenta el propio retratado que iba a posar a la casa de Lautrec, donde le hacía sentar en un sillón de mimbre para luego observarle un buen rato, eso cuenta, a través de sus quevedos, y tras pensarlo un poco, daba de pronto una pincelada ligera para exclamar después, inopinadamente: "¡Basta ya de trabajar! ¡Hace demasiado buen día!"

Y entonces se iban de paseo por el barrio.

Esa alegría del inacabamiento impregna toda la obra de Lautrec que sin embargo se quiere contar como la de un testigo, un poco compasivo aunque no mucho, pero se intuye en todas sus obras, incluso en la perfección de la bata de La Toilette: Madame Fabre, esa felicidad de dejar las cosas un poco a medias, porque ¿no es así un poco todo? ¿quién de nosotros hemos acabado realmente? ¿hay algo de verdad terminado, rematado, en este mundo? Y entonces podría yo responder: "Sí: lo que está muerto."

De ahí la viveza de Lautrec.

Hace unos treinta años, quizás más, visité de casualidad su casa, quiero decir sin proponerme ir a ver a Lautrec, por aquel entonces no sabía no sólo ya que no existía, sino que ni siquiera sabía quién era, cuando me vi dentro del palacio de Albi, que fuera de su familia, asombrada por esa belleza que no había sido buscada, solo sentida, vista en un instante fugaz, una mujer de espaldas, llena de pensamientos, con cuatro trazos, teniendo la honestidad Lautrec de dejar de pintar en el momento en el que la luz de ese instante se había apagado.

¿Para qué entonces seguir pintando?

Hubiera sido como dibujar a ciegas, sin el olor que estaba en el aire, sin la viveza de lo que sucedía, sin el pelo despeinado de esa manera. Ya pasó. Ya no me interesa. Tenía Lautrec alma de periodista. Y también de hombre de lo que hoy llamaríamos "experto en marketing", con la composición de carteles en los que la gente aparece al contraluz, los señores con sus sombreros de copa, altos como edificios, un skyline negro de personas mientras se mueven las bailarinas, que parecen los únicos seres con movimiento propio en el universo, los únicos con color.

Esto a Lautrec no le gustaría.

Detestaba el sentimentalismo, aunque le asome el amor a su madre sentada en un banco azul, tras unas **hortensias** blancas, con un perfil suave y tranquilo. Fue ella quien le llevó al dibujo. Y ahora a todos nosotros a ver lo que hizo su hijo, la gente agolpada sin dejarte ver su obra, sombras negras ante unas pinturas que parecen moverse aún, pendientes de que se nuble el cielo, llueva o truene y vuelva Lautrec de la calle, para darle otra pincelada.

hozadura

---

f. Huella que deja sobre la tierra el hocico de un animal al escarbar.

A la orilla del río, se veían ayer por la mañana las **hozaduras** que dejó el jabalí buscando a oscuras lombrices en el pasto. La tierra, removida como si alguien hubiera buscado allí un tesoro, humeaba, respiraba al sol tranquila, tras haberla el jabalí despertado.

ABC, jueves 21 de febrero de 2013

57
infinito

m. Lugar sin final.

Era un hospital para tuberculosos de habitaciones blancas, y de hombres con los pulmones oscurecidos. Sólo uno tenía la cama junto a la ventana.

(Lo escuché hace unos días de boca del último limpiabotas de los aeropuertos españoles, Alfonso González Puentes, a quien a su vez se lo contó el que fuera practicante del aeropuerto de Labacolla, en Santiago de Compostela. Charlábamos de literatura: "Es que, ¿sabe usted? –me dijo Alfonso–, la envidia; la envidia es muy mala". Y con el lápiz de mi memoria, que no es muy de fiar porque lo mismo le da por adornar que por desnudar las cosas, tomé nota de este relato, cuento, historia, verdad, mentira, sobre la envidia).

Como iba escribiendo: era un hospital para tuberculosos de habitaciones muy blancas, y de hombres con los pulmones oscurecidos. Sólo uno tenía la cama junto a la ventana.

Cada mañana, al terminar su ronda, médicos, limpiadoras y enfermeras, cuando la sala blanca estaba tan tranquila que no se oía ni el vuelo de una mosca, el paciente de la ventana lanzaba la voz a volar para que sus palabras llegaran a todos y cada uno de los tísicos.

– Vaya, ahí viene ya la chica. Qué pena que lleve el pelo recogido, con lo hermoso que lo tiene. Se ha sentado en el banco. Mira el niño qué gracioso, cómo corre. Y el soldadito, ahí llega el soldado, se conoce que hoy no tuvo guardia. Cómo se abrazan, ¡eso sí que es estar enamorados!

Cuando hablaba, se diría que los enfermos detenían hasta el respirar de sus maltrechos pulmones para no perder ningún detalle de lo que sucedía al otro lado de la ventana. Pero ninguno permanecía más atento que el enfermo de enfrente. Como si le fuera la vida en ello, observaba en silencio la forma que tenía aquel hombre de girar el rostro hacia la ventana; y tocaba, con los invisibles dedos de la mirada, cada gesto, cada arruga de la frente, cada articulación de la boca por donde salían volando esas palabras.

Una noche, el enfermo de la ventana sufrió una hemoptisis que lo ahogaba. El paciente de enfrente, vigilante día y noche, podía haber alargado la mano, tocar el timbre, abrir la boca para avisar a la enfermera y contar lo que veía, lo que oía, lo que estaba pasando; pero una fuerza amarillenta lo atenazaba. Queriendo o sin querer, dejó morir al enfermo de la ventana.

Al día siguiente, cuando el médico certificaba la defunción, se le escuchó decir:

– Doctor, doctor, ¿puedo yo ocupar su cama?
– ¿Para qué quiere usted cambiarse de sitio?
– Bueno, prefiero esa cama que ha quedado vacía, junto a la ventana,
si no le importa.
El médico lo miró extrañado.
– En fin, como usted quiera.

Mientras las enfermeras efectuaban el cambio, el tísico cerró los ojos, y se prometió no abrirlos hasta que regresara a la sala ese silencio blanco donde no se oye el vuelo de una mosca. Giró la cabeza hacia el cristal. El corazón le latía como si fuera a salírsele del pecho. Abrió los ojos. Por la ventana, vio una pared blanca; blanca, **infinita** y fría. Vacía como una página en blanco.

Artículos Sentimentales, 2008

58
laurisilva

f. Selva relicta del clima templado y húmedo del Terciario donde los mares de nubes dan de beber a especies singulares como el laurel de Canarias (*Laurus novocanariensis*) y otras especies endémicas de la región macaronésica.

Este año llevamos perdido por triplicado paisajes hacia los que todavía se podía volver la mirada, especies, bosques, **laurisilvas**, exquisiteces de los siglos, obras de arte de la Naturaleza aislada, cercada de inflamables vulgaridades.

ABC, martes 14 de agosto de 2012

lavandera

f. Nombre que designa las aves del género *Motacilla* por su forma de caminar poniendo una pata tras otra, en lugar de a saltos como los gorriones, con la gracia de las lavanderas que bajaban al río.

Este pájaro fue el primero al que yo puse nombre cuando vine a vivir aquí. **Lavandera** (*Motacilla alba*) porque siempre suele estar alrededor de mi casa, ya sea sobre la cerca, ya en lo más alto del tejado. También junto a los cursos de agua, y por eso imagino que se llama lavandera, porque las lavanderas las veían caminar por la orilla del río mientras lavaban. Suelen estar donde hay barro. Ya sea una fuente, un charco en un parque, o la huella en herradura de un caballo.

aceytuno.com, sábado 28 de febrero de 2009

60
leña

f. Bosque hecho pedazos.

Eran dos las niñas de Curtis. Se quedaron con ese nombre cuando se fueron a vivir a Curtis siendo niñas, como quien se va al fin del mundo, porque Curtis es frío y el monte que lo rodea, a fuerza de vientos, está lleno de tojos. Siempre hay dos o tres grados menos en Curtis. Parece un pueblo del Oeste, por la ausencia de árboles en las calles, como si el viento hubiera barrido también, de la cabeza de sus alcaldes, la idea de lo hermosa que puede llegar a ser una calle arbolada.

Al final de Curtis, junto a la estación, está el Express, el restaurante que toma el nombre de un anuncio de café en su fachada. Con la televisión en lo alto siempre puesta y sus manteles de cuadros, el Express es una de las mejores cosas de Curtis. La otra, la casa de las niñas de Curtis, con su patín de escalera y su cocina de **leña** que hacía las veces de mesa. Los días de feria estaban siempre muy arregladas. Lo peor que les podías hacer a las niñas de Curtis, era ir a verlas fuera de los días señalados. Pero, avisando, estaban impecables y siempre sonrientes. Una de ellas casó pero no tuvo hijos y cuando murió el marido se podría decir que enviudaron las dos porque el hombre se preocupó de no deshacer con el matrimonio la unión entre las dos hermanas.

La tarde de ayer fue una tarde de primavera de esas que nunca acaban, o al menos de las que no se quiere que acaben nunca, porque todo está bien, los ramos florecidos y los sacerdotes, uno con el incienso, otro dando la misa con cariño, y el otro tocando un piano portátil que sonaba a órgano mientras la luz entraba por el ventano ojival de piedra provisto de unos clavos para que pasen a la iglesia los rayos de sol y no los ratones. En la palmera, imitaban mil cantos los estorninos. Maruja, en silla de ruedas, con el pelo blanco, junto a la caja de su hermana cubierta de rosas, sonreía llena de tristeza a todos los que iban a darle el pésame, por la alegría de volver a verlos.

Se enterró ayer en Oza una de las niñas de Curtis. Como si hubieran vuelto a marcharse monte arriba, sus primos revivían la infancia y lloraban todos como niños.

Artículos sentimentales, 2008

61
lirio

m. Pez de la misma familia de los gádidos que el bacalao y que por su tamaño, al sobrepasar tan sólo raramente el medio metro, recibe el nombre de bacaladilla, así como el de lirio y perlita por sus colores malvas claros e irisados. También designa tanto a la planta como a las flores del género *Iris*.

Cuando se suicidó Van Gogh ya estaba muerto, y en ese vivir sin vida dio sus últimas pinceladas, en las que todas tienen el trazo y el surco de una lágrima muy ancha.

El bosque en el que aparecen dos figuras podría ser un bosque de álamos a la orilla de un río, una chopera en la que se oye el rumor de agua de las hojas y del río mientras la hierba se inclina hacia los troncos por el peso de su propia vida ya espigada. Como Tolstói, vio Van Gogh la manera en la que se doblegan la hierba alta y el trigo, y vio los caminos que no se sabe dónde acaban y el campo y su soledad y su intento de huida. Pero ¿adónde vas?, si estás solo, porque se te ha dado otra forma de comunicarte con el mundo, con los antepasados y los contemporáneos y con todos los que no han nacido. Pero a cambio, has muerto en vida.

Sólo con esa premisa se puede hacer algo. O se muere mientras se hace, febrilmente, como Mozart componiendo su Réquiem. ¿Para quién trabaja? ¿por qué de esa manera? Las últimas horas de Van Gogh, el misterio, están expuestas hoy en el Museo Thyssen, sin que tengamos ninguna respuesta. Ya en la manera de retorcerse, de caerse sus **lirios** a la tierra, se notaba que no esperaba nada, ni lo hubiera querido, ni hubiera hecho del éxito una profesión de haberlo tenido en vida. Al contrario, hubiera huido porque no trabaja para él la obra de arte. Y ése, con el origen de la vida, es el más grande misterio aún no resuelto.

¿Para quién trabaja Van Gogh?, ¿para Dios o para el peor de sus demonios?, ¿es un don o un castigo divino?, ¿para quién?, ¿para qué?, ¿para el hoy, para el ayer, para el mañana?

No sabe para quién trabaja el que hace una obra de arte.

62
lluvia

f. Agua del cielo.

Llueve esta mañana.

El ruido de la **lluvia** es como un respirar del cielo.

Lluvia, recreo del Sol.

*

*Esa **lluvia**
que se quedó
sin alcanzar
la tierra,
cielo del agua,
sobre el jazmín
de mi terraza.*

*

Llueve en París sobre las mesas redondas, como gotas, de las terrazas.

Hay una línea de agua entre las mesas vacías y el lugar donde se sienta la gente, vestida de negro, bajo el toldo rojo. Estas mesas son tan pequeñas que las conversaciones no tienen costuras, como los hilos de la trama de una misma tela. En París no se habla, se teje, se conversa, porque se escuchan unos a otros mientras toman un café con leche. Seis euros. Sin embargo la fruta es barata, y se vende en las aceras en unas tiendas de ultramarinos que poseen la belleza de las flores arvenses, y alegran en París la vista con el pan, los tarros, los quesos, los pasteles, el azul turquesa del escaparate. Después, das la vuelta, y está ahí mismo toda esa inmensidad que llena también el alma, porque todo lo que se ve en París, merece ser contemplado.

Si los pulmones necesitan aire puro, la vista necesita vistas puras, que no tienen por qué ser campestres, aunque en París los parques huelan a hierba, a río, y a tierra mojada. El alma, para llegar viva hasta la muerte, necesita de lo pequeño y de lo sublime, a partes iguales. Por eso en París el alma se ensancha.

Los nombres en las fachadas, "Aquí vivió Tolstói", los relojes, las iglesias, las puertas, el tiovivo, las bicicletas, el café, la vida. Llueve y hay la misma alegría en la calle que si estuviera soleado. Un murmullo sale de las terrazas. Se me antoja imposible que alguien pueda engañar a un pueblo que conversa de esta manera.

En París están acabando su floración los castaños de Indias. Las flores, al caer, se sientan en los bancos.

ABC, contraportada del viernes 15 de mayo de 2009

*

Según me voy adentrando por el camino del tiempo, me doy cuenta de que la cultura no es una cosa árida sino más bien un cúmulo de casualidades que te salen al paso, para que te detengas en ellas.

Se podría decir que lo que sé, lo sé de casualidad. O al menos así, por casualidad, suelo encontrar los artículos y los libros que escribió César González Ruano.

Por un acertado título: "Mis casas", me estoy enterando ahora de lo que se veía por las ventanas de las diferentes casas en las que vivió Ruano, cómo eran y, por lo tanto, cómo fue su vida desde 1903 a 1953. De haberse titulado este libro "Las casas", no hubiera llegado a mis manos pues fue precisamente el determinante posesivo el que le hizo gracia a mi marido para regalarme este libro. Además, una casa no vale nada si no se ha vivido, si no ha sido nuestra.

Una noche anterior a este regalo, en una cena con amigos y hermanos, hablando de las casas, había tratado yo de explicar, con bastante poco acierto, lo importante que es para mí que la casa esté incorporada al paisaje y, aún más que la mía, la casa del vecino, al ser siempre ésa, y no la tuya, la que verás por la ventana hasta el final de tus días.

La suerte en la vida, creo, pienso, no es tener una buena casa, sino que nunca a un vecino se le ocurra decir "aquí estoy yo", al construirse su vivienda. Nuestra casa es lo que se vive dentro, y lo que hay fuera. Y tiene gracia que Ruano, de todas sus casas, recuerde con tanta emoción un estudio con el techo de cristal y abundantes goteras en la calle Vía Margutta, 33 desde cuya terraza "la vista de Roma era magnífica" y, el tiempo que allí pasó, "de las temporadas más pobres y más alegres".

En casi todas sus casas, al final, encontramos siempre alguna estufa o chimenea que, ya lo escribe Ruano, no es para él "un detalle decorativo, sino una vieja obsesión y casi una necesidad".

Yo también, en esta **lluviosa** mañana de viernes, voy a encender la chimenea, y a terminar el libro de Ruano y, después, a lo mejor hasta me subo al nuevo terraplén que acaban de hacer aquí atrás para ver cómo se ve desde allí la casa y el humo, entre los castaños que ya verdean.

ABC, sábado 17 de abril de 2004

*

Cierra la librería Colón, la más antigua de La Coruña.

Estaba abierta todo el día en la calle Real por donde siempre hay gente andando, y más gente aún en los días de **lluvia**. Todo el mundo sale a pasear y a tomar un café como si las casas tuvieran goteras, o como si la lluvia les llamara para mojarse en ella, porque yo no he visto una cosa parecida, es llover, y llenarse la calle de gente.

No se ven las piedras del suelo, sólo el oleaje de los paraguas.

La librería está siempre abierta, con ese calor que desprenden los libros en los días de lluvia, como si los libros respirasen y su aliento tibio, nada más entrar, nos rodeara. Este calor unido a su luz acogedora, un poco amarillenta, con olor a tarde de lluvia, hace que sea entrar como en la felicidad, o mejor aún, en su promesa.

Los escritores de verdad describirían los anaqueles de madera pero a mí siempre me ha llamado la atención el suelo de la librería, hecho de baldosas hidráulicas en mosaico, blancas y rojas, que le dan un aire de convento o de colegio muy bueno. Hay algo infantil en este suelo tan antiguo, tan limpio, serio y alegre. Se podría decir que el suelo contagia su forma de ser a toda la librería, que es un largo pasillo. Así es en realidad cada libro, y así son todos los libros juntos, un túnel, un pasillo, un largo camino que no se ve dónde acaba.

Tienen en esta librería las novedades, por supuesto, pero hay un fondo de libros tan a la vista, de esos que son imprescindibles, que una tarde, yo, que no uso tarjeta, no tuve suficiente dinero para pagar todo lo que quería llevarme.

Sus dependientas, si es que se puede llamar de esta manera a las mujeres que venden libros, tienen los nombres de los autores en su cabeza. El último libro que les pedí era de Thoreau, y yo quise deletrearles pero no hizo falta, me daban ellas de memoria el título, "Desobediencia civil" y el nombre de la editorial.

Desde una ocasión en la que fui con mi madre, que se interesa por todo el mundo, supe que Begoña era como yo africana, y me recomendó a Kapuscinski.

Cierra la librería Colón.

En la calle Real, los días de **lluvia**, hará más frío.

ABC, sábado 13 de enero de 2007

63
lubricán

m. Primera y última luz del día que el Sol envía escondido tras la curva de la Tierra, cuando todo lo que es de verdad parece de mentira. Porque ladran los perros y aúllan los lobos, a esa oscura claridad, se le llama lubricán.

Aún es de noche pero canta un petirrojo.

Una luz roja de **lubricán** se asoma con el día que llega sobre un campo recién segado. En el aire, queda el rescoldo del maizal que ayer trituraron mientras un bando de estorninos seguía al tractor del que caían algunos granos. En unos montones sobre la tierra, han puesto esta suerte de forraje que está hecho de hojas y de tallos triturados, y de mazorcas que no acaban de quedar molidas como la harina y ayer todos los caminos tenían granos de maíz rotos, como si un ratón hubiera venido a comerse el germen dejando en la semilla una media luna.

Luego tapan esta montaña verde y amarilla sobre la tierra con un plástico negro y lo dejan para dar de comer a las vacas durante el invierno, pero con la humedad y la oscuridad fermenta y acaba por dar un olor de bodega cuando pasas.

Por aquí, al estar cerca del nivel del mar, el otoño llega más tarde, como si con la altura los árboles tuvieran más prisa en perder las hojas, al ser el frío que vendrá más intenso. En general, están los árboles todavía verdes y sólo los cerezos silvestres muestran algunas tonalidades rojizas, y la parra de uva está amarilla y ocre, y muy roja la parra virgen que ha trepado por la pared, hasta la chimenea, en mi ausencia. También han salido helechos en el tejado. Un día volveré y ya no estará la casa, entre tantas especies queriendo vivir con ella. Por dentro se mantiene, con alguna telaraña que me salió al paso porque las arañas trabajan mejor cuando están solas, sin la escoba barriendo las esquinas y el techo. Es curiosa la manera que tienen de hacerse las muertas, al igual que algunos escarabajos y mariposas, de tal manera que cuando me quedaba sentada en la escalera, resucitaba alguna que parecía muerta. También los zorros se hacen los muertos y son capaces de dejar incluso que los cargues inmóviles en el maletero del coche, hasta que lo abres pensando que está sin vida, y entonces salta el zorro afuera como si nada. Esto me lo contó un agente forestal que creyó haber atropellado de noche a un zorro.

Por lo demás, he encontrado la casa mejor de lo que esperaba pero, claro, aún no pasó un invierno. Al bajar a la plaza ya vendían crisantemos, a la espera del día de difuntos, y en las huertas lo que mejor se ven hoy de lejos son las calabazas, anaranjadas como la luna de noviembre, la de los brazos extendidos, saliendo por el monte del Gato.

Puede que yo sea ya una extraña, por haberme ido. Pero la tierra, la reconozco y me reconoce como al principio.

La tierra sigue igual, por eso la amamos tanto. Nosotros pasamos y ella intenta seguir siendo la misma para los que vengan.

La tierra que nos espera es lo que menos cambia de nosotros.

republica.com, lunes 22 de octubre de 2012

64
luz

f. Agua del Sol y demás estrellas.

A veces pienso que la **luz** es un agua. Y la vida la envoltura de la luz.

*

La casa de la **luz** son las plantas. Como un pájaro se posa y se agarra y se guarda en ellas.

*

"Por encima de los altos y hondonadas del barrio del Pacífico, el disco rojo enorme del sol brotaba de la tierra y ascendía lento y majestuoso por detrás de unas casuchas negras"

Pío Baroja en "La Busca"

Cuando leí por primera vez esta frase, hace ya algunos años, por lo que me ha costado encontrarla de nuevo entre las páginas del libro, me quedé pensando que las casuchas negras estaban siendo alumbradas por el sol, que no hay nada que transforme más una casa, de pobre a rica, de triste a alegre, de negra a blanca, que los rayos del disco rojo enorme del sol.

Generalmente se habla de **luz**, de la luz que tiene una casa, pero para mí es mucho más importante el rayo de sol atravesando el universo, recorriendo ciento cincuenta millones de kilómetros por el espacio, hasta ir a dar, precisamente, en ese instante de la mañana o de la tarde, a nuestra casa.

Tengo un perro labrador que va dando vueltas y se tumba no donde hay luz, sino donde da el rayo de sol. El calor del sol a través de los cristales es de las cosas más agradables para notar, pero también para ver. El rayo de sol encauzado por una ventana, o por un sencillo ojo de buey que dirige la luz a la pared de enfrente y dibuja un círculo de sol, nos proporciona algo para mirar que evoluciona con las estaciones y cambia con los días, como si de la mejor de las vistas se tratara.

Gracias a las infinitas sombras del sol, podemos incluso crear paisajes naturales inéditos en el interior de nuestras casas. Una sencilla glicinia plantada en maceta y bordeando por fuera toda la ventana, proyecta sobre las paredes del interior, por los rayos del sol, las sombras de sus flores y sus hojas, y su forma de moverse con el viento. Son las mismas glicinias que pintó Monet sobre el río, pero podría haber pintado sus sombras sobre la pared, cuando entra el sol sin llamar por una ventana, al amanecer, privilegio posible hasta en la más humilde y negra de las casuchas.

*

Otilia se llama la mujer a la que pide Goethe más luz: "¡Oh, esa **luz**! Abrid las ventanas… Más luz, más riqueza interior!"

Nos cuesta recordar el final de las obras de Goethe, ¿cómo acaba "Werther"?, ¿cómo "Las afinidades electivas" donde la protagonista también se llama Otilia?, pero el final del autor, es inolvidable, 22 de marzo de 1832, la luz entra por las ventanas, todavía no han desabrochado los castaños los botones de sus hojas.

*

Hacía sol en París.

Tenía la ciudad una de esas **luces** casi ya de invierno que se posan sobre la claridad de la piedra de las fachadas para dar un dorado parecido al de las hojas de los castaños de Indias, con sus ramas negras como nubarrones.

En la Place des Vosgues, donde está la casa en París de Víctor Hugo, están podados los castaños de tal manera que se puede observar toda la arquitectura de la plaza, tan redonda en su cuadratura. En medio, una fuente y un parque y esa gente que adorna una ciudad si está bien pensada.

Antes, comimos en este barrio de Le Marais, donde están las casas más antiguas de la ciudad, allí donde te cuentan orgullosos que no llegó Haussmann para igualarlo todo. Son estas casas y estas calles de adoquines como una boca de dientes torcidos y desiguales pero con la sonrisa más amplia y más franca de todas. Casas que no han modificado su fisonomía y de donde cuelgan en los balcones geranios y gitanillas, todavía florecidas de rojo, alargando el otoño como si fuera una primavera fría.

Dicen que todavía no ha hecho frío en París y aún así, el otoño está aquí más adelantado y la parra virgen a la que se le permite trepar por las fachadas hasta el tejado, exhibe sus diminutas uvas granate, perdidas ya las hojas, mientras los peciolos rosados que las sustentaron caen sueltos como lápices de una niña sobre la acera para dar el toque artístico a un barrio que es ya de por sí arte puro.

Comimos en "Chez Janou", que es el diminutivo de Jean. Estaba lleno. En París, se nota ya la crisis en el apagado de Nôtre Dame, lo cual, aunque tétrico, resulta también hermoso porque es en la noche de la piedra cuando más se aprecia en la catedral la oscuridad de los siglos; pero los franceses, parecen tomarse la crisis de otra manera, acostumbrados como están a convertir la pobreza en bohemia, o hacer arte de la desesperación y la tristeza, y por eso llenan los bares y los restaurantes aunque tengan que pasar privaciones el resto de la semana.

Después fuimos a esa esquina de la Place des Vosgues donde está la casa que tuviera Víctor Hugo, con una vista maravillosa de la plaza cuadrada enmarcada de árboles y de edificios, con un techo de cielo. La novia parisina de mi hijo, la preciosa Flora, me contó que aunque "Los Miserables" se ha llevado toda la fama, no hay nada como el poema que escribiera Víctor Hugo a la muerte de su hija, ahogada navegando en velero cuando él no estaba. La verdad es que esta casa destila una tristeza y una pesadez inmensa, aunque una buena parte son reproducciones de otras casas más alegres que tuviera en otros lugares, con salones de inspiración oriental.

Al despegar, dejamos atrás la torre Eiffel que ahora se ilumina sólo en las horas punta. Viendo desde arriba el alumbrado como un fondo marino en la noche clara de luna, pensé que no hay un brillo que yo quiera más que el de los ojos de mi hijo mayor, Roberto, allí abajo, entre las luces.

*

En el libro de la casa de Víctor Hugo, escritor incansable, puse con la ayuda de Flora:

Il faut travailler,
rien vient du ciel,
seulment la pluie,
la poésie
et les oiseaux.

Hay que trabajar,
nada viene del cielo,
salvo la lluvia,
la poesía
y los pájaros.

*

Atraviesa las hojas. Y el hueco rectangular de la ventana delimita su entrada. Círculos luminosos y oscuros se mueven, aunque dentro de la habitación, por el viento. Juega la luz sobre la pared como si crepitara. La **luz** del sol es un fuego.

ABC, miércoles 18 de mayo de 2011

*

"A Valladolid, mi ciudad", es la dedicatoria de Miguel Delibes en "El Hereje".

Puedes ir leyendo el libro por las fachadas de la ciudad donde se van nombrando lugares que ya leíste pero que no viste; no con estos ojos, que son los de la edad, los que empiezan, antes de cerrarse, a entenderlo todo.

Es cuando peor vemos de cerca, y también de lejos, cuando acertamos a comprender y a querer ver y conocer lo que tal vez habíamos visitado pero no visto porque nos faltaba la mirada de quien abrió los ojos en Valladolid por vez primera, a la manera en la que lo hizo Felipe II, queremos imaginar que por esa ventana del Palacio de Pimentel que hace esquina, una ventana plateresca y blanca llena de inocencia como el dosel de la cuna de un recién nacido.

Tiene unas filigranas esta ventana que parecen de tela por estar hechas con esa piedra caliza que posee el blanco roto del lino y que, traída de Campaspero, aparece en esta ciudad por todas partes con una claridad que recuerda, de noche y de día, a la de la luna. Incluso bajo el cielo azul del otoño, a pleno sol, hay algo lunar en esta piedra que contiene fósiles de algas y de caracoles que han acabado tocando también el cielo.

Llegamos de noche y salimos a la Plaza Mayor perfectamente iluminada por el alumbrado municipal, y también por la luna, que luego fue siguiéndonos para ir apareciendo como la firma de un cantero alrededor de todos los monumentos, también al lado del castillo de Fuensaldaña, cuya verticalidad no esta hecha para nuestro cuello. Todo aquí tiene unas dimensiones que no son terrestres, sino celestes, dada la envergadura de los monumentos de Valladolid.

Comprendí todo al ver la exposición de Campo Baeza, cuya obra ya había contemplado en Granada, cuando me asombré con la verticalidad de una gran pared firmada por este arquitecto y que ahora entiendo en su total dimensión porque puede haber iglesias por todo el territorio español pero no como estas vallisoletanas, o al menos eso me pareció todo a mí, los castillos, las iglesias, los museos, siempre proyectados en Valladolid hacia el cielo. También me asombraron esos grandes agujeros que hace Campo Baeza para que caiga la **luz** dentro, como si también para la luz existiera la gravedad y pudiera caer, igual que en una trampa, con sus brillantes granos de reloj de arena.

Tiempo, gravedad y luz en un mismo espacio gracias a la piedra.

Las casas del centro de Valladolid, como para no quitarle importancia a nada que la tenga, se quedan en tres o cuatro plantas, con una gracia muy sobria de balcones y de galerías que te hacen caminar siempre con el mentón un poco alzado de manera que, aunque visitante, pudieras también tú avanzar con orgullo por esta ciudad que se describe al principio de "El Hereje" rodeada de huertas y de viñedos.

Cenamos en "La Criolla", donde pude contemplar tras un cristal una suerte de altar a Miguel Delibes, con todo lo que a él le gustaba, la familia, los amigos, el vino, los libros, las perdices, alrededor de una gran foto con esa sonrisa suya, verdadera, tras una puerta partida con la oscuridad de un pasillo al fondo. ¡Qué bien se bebe y se come en Valladolid! Da igual donde entres, el pincho que tomes, una sepia con alioli, una croqueta, una sopa de ajo en un cuenco de barro que es justo lo que te faltaba de calor en el estómago.

Todo lo que vi y viví en Valladolid el pasado fin de semana resulta inabarcable para un papel tan llano como este sobre el que escribo, el Museo Patio Herreriano de Arte Contemporáneo con la exposición fotográfica de Sarah Moon, o los dibujos del vallisoletano David Aja, ¡qué gran dibujante!, para terminar con la visita a Urueña, la Villa del Libro, donde está la Fundación Centro Etnográfico Joaquín Díaz y luego seguir hasta el Monasterio de Santa María de la Santa Espina, en cuyos alrededores cazaba patirrojas Miguel Delibes.

Lo mejor fueron los amigos que nos guiaron y acompañaron: Teresa y Juan Carlos, María y Jorge, Margot y Ricardo: muchas gracias.

Queda tanto por ver, y tan poco tiempo.

Porque en Valladolid el tiempo no se detiene, vuela mientras las piedras esperan a que nosotros, también pasemos de largo.

republica.com, martes 7 de noviembre de 2017

65
majuela

f. Fruto rojo del espino.

De agua y de bosque y de siglos, está hecho Fontao.

Y de silencio que no se oye mientras el rumor de las fuentes corre con el tictac de un reloj cuyas campanadas salen volando por una inmensa puerta de un verde casi esmeralda, partida en dos como en la más humilde de las aldeas, que sólo el conde de Fontao, igual que el rey Arturo al extraer la espada clavada en la roca, sabe abrir.

Más allá, hay una inmensidad que es también verde, salpicada de casas blancas, con tejado a dos aguas, y lascas de pizarra donde se posan los pájaros, la niebla y los líquenes. Todo en Fontao está envuelto en un misterio alegre, inocente, infantil, verdadero. Durante algunos momentos, te parece estar dentro de un cuadro del dieciocho, cuando tras la galería, divisas otra casita al fondo, y te deja ensimismada, trasoñando, al columbrar la vida del pazo, que sigue vivo al son de las canciones sin palabras de Mendelssohn interpretadas magistralmente por Noelia Rodiles.

Muy de vez en cuando, pasa un camión maderero, mientras el río sigue su curso, entre helechos reales gigantes, *Osmunda regalis* , que sólo se dan en los cursos de agua pura, y que aquí son tan abundantes como en ningún otro lugar que yo haya visto.

Igual que en el sendero de Sargadelos, hay un camino que podrían llamar el "de los enamorados", porque transcurre entre un canal y un río cuyas playas están hechas de una arena dorada que recuerda el nombre de Oro, el Ouro, del río que brilla mientras pasa.

Es este un pazo rural, con hórreos que se alzan al cielo por encima de los tejados, desde donde las doradas mazorcas divisaban los campos de los que salieron.

No resulta difícil adivinar el trasiego que tuvo este lugar en el que se respira la paz de un tiempo que ha hecho las paces consigo mismo, porque sigue el pazo de Fontao fiel a su espíritu, en su humilde esplendor y belleza, lo cual nos hace dar las gracias por ver aún el gallinero con sus gallos coloreados, el lavadero y su nido de carriza, las servilletas al clareo sobre la hierba, los espinos blancos de la entrada con las **majuelas** rojas entre las que se esconden los pájaros a la manera en la que el escultor Caxigueiro hace fotos con casas de espinas, o de oro dentro de un nido.

El pazo tiene unas mazmorras que sobrecogen el alma y dos regatos que corren por debajo trazando una cruz bajo las piedras, pero arriba, todo es calidez y conversación y amistad y libros y flores y cartas, y maderas que crujen, y retratos que te miran desde el siglo dieciséis, y sábanas de hilo, y un caldo verde hecho como el paño de lino sacando las hebras a los tallos, y una ventana sobre un escudo por donde, al irte, se asoma, entre otras, la más bella de las sonrisas, hecha de un dolor insondable.

Si hay un color para el pazo de Fontao, es el verde, y es el blanco.

Verde de ramas y esperanza.

Blanco de bruma, niebla, silencio y agua.

republica.com, miércoles 28 de agosto de 2019

66
mar

m. Cielo de agua.

Echaron los marineros ramas de pino al **mar**, amarradas a una piedra para que las sepias volaran como pájaros hasta las ramas sumergidas, donde ponen esos racimos que recuerdan a las uvas negras, huevos con una sepia dentro, en vez de pepitas.

ABC, domingo 13 de marzo de 2011

*

Estos días se ve el **mar** algo rosado, con un color parecido al de las salinas cuando el agua se evapora y los flamencos se vuelven rosas como si sus patas fueran de papel secante. En primavera, como la tierra, el mar florece.

ABC, viernes 1 de abril de 2011

*

Bajo los pinos, con el **mar**, muy azul, al fondo, y la arena cubierta de aleluyas. Él sentado, leyendo el periódico; ella en la silla playera, con un libro. Los dos llevan gorro y gafas. Toda la vida juntos. Cada uno en su pensamiento.

ABC, viernes, 15 de abril de 2011

*

Sobre el **mar** vuela desde la ermita el sonido de las campanas tocando a muerto. Con el buen día que hace. Falleció un hombre, porque tocan dos veces la campana grande y una la pequeña. Si fuera mujer, la grande tocaría solo una vez.

ABC, domingo 1 de mayo de 2011

67
maresía

f. Olor a mar, algas y humedad cargada de salitre de la bruma. La maresía es el respirar del mar, su aliento, que condiciona el desarrollo de las especies del litoral. Al mar, con marejada, lo llaman también maresía.

Hay palabras que navegan por el océano, ida y vuelta.

Ya había definido este término, **maresía**, hace tiempo, gracias a que alguien del otro lado del mundo me la sugirió para el olor del mar, al dar yo la del olor de la lluvia incluso antes de que caiga el agua sobre la tierra sedienta: petricor.

Entonces llegó la sugerencia: maresía, para el olor del mar. Indagué. Y vi que no sólo era un vocablo del otro lado del océano, sino que la Academia Canaria de la Lengua lo había incluido para referirse al "olor a mar que se percibe en tierra…" y al "aire cargado de humedad marina" que "echa a perder la chapa de los coches", y también los electrodomésticos, y yo diría que a muchas especies del litoral que se ven desplazadas por la maresía, que es, más que un olor, un ecosistema en sí, de agua volandera del mar, cargada de sal, que limita la proliferación de especies de tierra adentro, de manera que el litoral tiene sus propias plantas y sus propios animales, perfectamente adaptados a esta maresía.

Para conocer los límites de lo lejos que puede llegar este olor, habría que identificar a estas especies y a lo mejor, veríamos que la frontera entre la tierra y el mar, hace ondas de ola, que es como yo imagino este olor si pudiera verse.

Aunque de alguna manera se ve, cuando hay mucho mar y entonces flota el salsero sobre el aire y todo parece envuelto en una niebla de sal, lo cual tiene su gracia porque en Galicia, e imagino que algún otro lugar, a la mar revuelta, con marejada, la llaman maresía.

¡Qué hermosa palabra!

¿Cómo es posible que no esté en el "Diccionario de la lengua española"?

No me lo explico.

Tampoco las cincuenta mil personas que leyeron en mi cuenta de Twitter hace unos días esta palabra cuando se me ocurrió recuperarla, y de pronto, empezó a volverse viral, de manera que hoy son ya casi ochenta mil, y subiendo, las personas que la han leído, sugiriendo algunas que pidiera a la Real Academia Española que la incluyera en su diccionario, como hice esta mañana.

Y así he escrito: maresía:

f. Olor a mar y a humedad cargada de salitre de la bruma. La maresía es el respirar del mar, su aliento, que condiciona el desarrollo de las especies del litoral. Al mar, con marejada, lo llaman también maresía.

Ya me han respondido. Claro que; con una respuesta automática, donde dice que se estudiará el término para la próxima edición del diccionario y tal y tal y tal... lo cual imagino le dicen a todo el mundo que sugiere una palabra.

Pero me da en la nariz, como el propio olor del mar, que la maresía ya ha empezado a navegar hasta la página con la que poder hacer un barquito de papel.

republica.com, lunes 21 de enero de 2019

68
matalahúga

f. *Pimpinella anisum* y otras especies anuales apiáceas que reciben esta denominación de matalahúga, además de matalahúva, matalauva, anís y anís verde, que se crían silvestres en las fincas donde no se echan herbicidas y aparecen cubriendo grandes extensiones de delicadas flores umbelíferas blancas ya que al poseer múltiples propiedades fue muy cultivada y ahora, las semillas descendientes, germinan a la menor ocasión que tienen.

¿Adónde se habrá ido esta palabra? ¿En qué estaca de las puertas del campo estará llorando que Muñoz Rojas ya no va a pronunciarla?

Palabras que nacen del empeño en que nada quede sin nombrar, si es que nos salió al paso, y creemos que somos nosotros los que vimos una planta y es la planta la que nos mira y dice: "escribe, por favor, de mí". Yo imagino así a todas las plantas del campo andaluz saliendo al paso de Muñoz Rojas, o un jarrón de mimosas que se coloca en la ventana, y que le dice, escribe de mí, nómbrame, di algo que no muera con mis hojas y mis flores, di algo, que solo voy a vivir unos días, unas horas, un año.

En realidad, el poeta, es un notario, que dice: doy fe: esto vive. Esto pasa. Esto ha nacido sobre la tierra, esto da sombra, esto vuela, esto tiene el color de la luna. Esto. Esto. Esto. Para que no pase por la vida como si no hubiera pasado. Para que arrumbada en su cuneta, la más humilde de las hierbas, sea la reina por un día y para siempre. Y así el poeta nota un cansancio que le va venciendo, y se agota en cada palabra que no le cuesta escribir, porque le sale como la hierba silvestre al pensamiento, pero que al final le deja exhausto, con un cansancio que es el pago que abona el poeta a la hierba por haberla recreado, y por eso nota que se crece y se desgasta a cada cosa que escribe. Y cuanto más acierta, más sufre y menos necesita. Ni comer, ni dormir, ni nada, solo quiere la palabra exacta de lo que esta viendo. La **matalahúga**. "La matalahúga la siembra la luna". Por esto el poeta solo quiere el campo, y a solas.

Pero hoy el campo, sin José Antonio Muñoz Rojas, ha empezado a morirse, y los que le admiramos hemos empezado a morirnos entre las palabras muertas.

¿Adónde irá lo que fuimos? Puede que a las palabras que nombraron la vida.

ABC, viernes 3 de octubre de 2009

69
Naturaleza

f. Fuerza de la vida universal envuelta por infinitas formas sobre un soporte de agua, tierra, aire o fuego.

Siempre se ha aludido a la fuerza de la **Naturaleza**, y sin embargo yo percibo en todo lo que vive una fuerza más sutil, pero no menos poderosa, por constante, que es a lo que yo verdaderamente me refiero cuando hablo de la Naturaleza, igual que cuando hablo de Literatura no me estoy refiriendo al papel, sino a aquello que se ha querido decir en letras de molde.

La vida, está también queriendo decir continuamente cosas; la Tierra, sin embargo, me parece una iletrada, un pedrusco que no evoluciona, que sigue siendo igual de burda que al principio de los tiempos, con sus erupciones, terremotos, maremotos, tornados, lluvias torrenciales y que solo ha conseguido dulcificarse, allí donde arraigó la vida, que es en casi todas partes, pero en una capa que, científicamente, llamamos Biosfera. Comparada con lo grande que es la Tierra, la Biosfera es poca cosa, y además, vive por turnos de especies que se suceden en el Tiempo porque para cada una de ellas, así como para cualquiera de sus individuos, el Tiempo es finito.

La Naturaleza y todas sus especies pueden morir, incluso extinguirse, porque poseen la vida; pero no la Tierra, que lo más que puede llegar a hacer, es desaparecer.

Cuando hablan de que la Tierra es un ser vivo, a mí jamás me lo ha parecido, siempre la he visto como un soporte; y, a la vida, como un empeño admirable y a la vez incomprensible de querer siempre agarrarse a la Tierra como si le horrorizara el vacío del Universo.

Y a sabiendas de que las semillas volverán a prender en la tierra, han comenzado a arar los tractores para sembrar el trigo de primera, porque suele hacerse la vida con todo lo que se está quieto, aunque sea un madero a la deriva en el océano donde, al darle la vuelta, como si fuera una ballena, está cubierto de balanos.

Es ese empeño en posarse, ese horror al vacío de la Naturaleza, que es todo menos minimalismo, lo que la salva, su variedad infinita y su excelencia en todas sus formas. La Tierra, aún siendo maravillosa no tiene ni un ápice de arte en ella, sus fracturas son geométricas, frente a las ondas de las alas y las aletas y el ADN. Hace ruidos pero no canta como el mirlo cuando atardece. Tiene colores de fuego y azul de mar, pero ninguno centellea como el lomo de una caballa ni fosforece en la noche como una luciérnaga.

Lo fascinante de la Naturaleza no es la Tierra, es la vida sobre ella, y en cualquier lugar donde se posara, quién sabe si ese lugar ya existe aunque no sepamos de él hasta dentro de mil años; aun siendo ese lugar el más inhóspito y feo lugar del Universo, se transformaría en un paraíso con que cayera la vida sobre él como una mariposa vulcana sobre una roca.

republica.com, lunes 17 de octubre de 2011

*

Cuando ya el bosque no es silvestre sino que es una plantación artificial en hileras, solo se dan bien a su sombra las zarzas, y el barro del camino se vuelve negro. Nos queda mucho que aprender del arte, haciendo bosques, de la **Naturaleza**.

ABC, domingo 30 de enero de 2011

*

Tenemos un problema de espacio en el espacio.

No es que no quepamos sobre la Tierra, que la población mundial a 1 de enero de 2016 era ya de 7,4 mil millones de personas aumentando a cada segundo mientras escribo y aquí estamos, sino que nuestra sombra, como la de los cipreses de Miguel Delibes, es cada vez más alargada. Nosotros, todos y cada uno de los que ocupamos hoy la Tierra, y no los que vengan detrás, estamos llamados a resolver los graves desórdenes que infligimos al clima, al agua, al suelo, a los ríos, los bosques, el aire, los océanos, las montañas, los paisajes… y al resto de las especies contemporáneas por nuestra existencia multitudinaria basada en una economía lineal: producir, usar y tirar.

Ante esta situación límite resulta curioso, cuanto menos, que no haya surgido alguien que lleve sobre sí este asunto global de ir solos por el Universo, sin vislumbrar otro lugar habitable y accesible para la Humanidad, la cual conforma una capa muy fina con el resto de la biosfera sobre una Tierra que actúa como un sistema cerrado donde no entran ni el aire ni el agua ni el suelo; aunque sí, cada día, la luz del Sol. A veces me pregunto si la **Naturaleza** no será la envoltura material de la luz. Si también las Artes lo son, y de ahí quizás el anhelo de Chillida de guardar la luz en el corazón de una montaña.

Es asombrosa la manera en la que la Naturaleza ha solventado las limitaciones de la Tierra como soporte vital al aplicar, de un lado, una estrategia de turnos, que es vivir por generaciones para alternarse las poblaciones sucesivamente en un mismo lugar; y de otro, alentando la variabilidad de las especies, la biodiversidad, término acuñado por Wilson, quien afirmó: "La Tierra es un planeta muy mal conocido", al calcular que podrían convivir con nosotros entre 10 y 30 millones de especies distintas, la mayoría sin identificar aún. Con todas tenemos ciertas similitudes por estar hechos con los mismos materiales, y con la misma luz. Llevamos en las células, además del código genético del ADN nuclear, otro código genético más humilde, alojado en las mitocondrias, con su propio ADN circular como el de las bacterias de vida libre, sin el cual no podríamos vivir. Margulis nos habló del paso de los procariontes a los eucariontes por simbiosis; de la cooperación, más que de la lucha, en el proceso evolutivo. Somos Naturaleza y el destino de la Humanidad es el de la Naturaleza, y el destino de la Naturaleza es el de la Humanidad. Al menos por ahora.

¿Dónde reside entonces nuestra singularidad como especie? Creo que en la escritura, en esa excepcional habilidad que desarrollamos primero en tablillas de arcilla, luego en papel, ahora en Internet, para transmitir y conservar la luz del pensamiento, de la creatividad, del conocimiento, de la imaginación, la información, la innovación… la luz de las ideas. Son muchas las cabezas que piensan cada día para resolver los problemas más acuciantes de nuestro tiempo en muy diferentes ámbitos, pero no parece haber surgido aún la personalidad que modere y lidere este inabarcable y transversal asunto de la Ecología en su global dimensión, incluyendo la dimensión humana, haciendo suyo el lema escrito sobre el primer escalón de la librería Shakespeare & Co.: "VIVE PARA LA HUMANIDAD". Quizás por falta de valor. La Ecología, cuya etimología proviene del griego "oikos", que quiere decir casa o habitación, es una ciencia multidisciplinar de síntesis que, al contrario de otras ciencias que se dividen en sucesivas ramas de diferentes especialidades, la Ecología a lo que aspira es a entenderlo todo sirviéndose de todo el conocimiento posible, sin dejar que un solo tema, se haga con todos los demás.

De ahí la relevancia de la Carta encíclica del Papa Francisco "Laudato si" por su mirada abarcadora, al iniciar la conversación sobre el cuidado de la casa común: "Necesitamos una conversación que nos una a todos, porque el desafío ambiental que vivimos, y sus raíces humanas, nos interesan y nos impactan a todos." Llama, como Juan Pablo II, a una "conversión ecológica global" y una "ecología humana" porque estamos sobre una Tierra de Naturaleza humanizada. "Olvidamos que nosotros mismos somos tierra (cf. *Gn 2, 7*). Nuestro propio cuerpo está constituido por los elementos del planeta, su aire es el que nos da aliento y su agua nos vivifica y restaura". Es una Carta llena de esperanza: "Espero que esta Carta encíclica, que se agrega al Magisterio social de la Iglesia, nos ayude a reconocer la grandeza, la urgencia y la hermosura del desafío que se nos presenta." Como se señala con claridad: "El objetivo no es recoger información o saciar nuestra curiosidad, sino tomar dolorosa conciencia, atrevernos a convertir en sufrimiento personal lo que le pasa al mundo, y así reconocer cuál es la contribución que cada uno puede aportar."

Se trata de no dejar de lado ni a nadie ni a nada en este desafío de nuestro tiempo: ni a las ciencias, ni a las artes, ni a la espiritualidad, ni a los sentimientos, lo cual me ha recordado a esa pregunta sin signos de interrogación de Unamuno: "El hombre, dicen, es un animal racional. No sé por qué no se haya dicho que es un animal afectivo o sentimental."

La última obra de Hopper, el pintor de la soledad de un faro, de un velero en la mar, de un hombre en un bar, de una mujer al borde de una cama, fue una habitación vacía, llena de luz. Del tratado "Ecología" de Ramón Margalef, extraemos: "Como escribe Lewontin, una pregunta que todo biólogo debe hacerse es por qué el 99,999% de las especies que han existido se han extinguido ya."

No seremos una más, llevando en el corazón la luz del pensamiento.

Tercera de ABC, SOMOS NATURALEZA, lunes 24 de octubre de 2016

nido

m. Lugar de nacimiento y cría.

Anoche, cuando todavía era de día, fui a cerrar las ventanas de la galería donde se conservaba, aún, el calor de un sol que acababa de marcharse.

Por el ruido del aleteo contra los cristales, supe que había un pájaro. No es la primera vez que sucede algo parecido, pero sí es la única ocasión en la que un ejemplar inmaduro de petirrojo, volantón, se ha atrevido a entrar en mi casa.

Es algo que suelen hacer con frecuencia los ejemplares maduros hasta conseguir salir en los poemas, como el conocidísimo petirrojo de la miga de pan de Emily Dickinson, y hay veces que uno de los petirrojos que vive por aquí se queda incluso sobre la mesa redonda que tenemos bajo la parra, que da una luz muy verde estos días a las hortensias, esperando a que terminemos de comer para recibir su ración de migas. Es un pájaro silvestre que quiere, sin rejas, ser doméstico. Se distingue con facilidad no sólo por su porte de paseriforme, con forma de pájaro, sino por el pecho anaranjado de los ejemplares maduros. El de ayer, aún teniendo casi el mismo tamaño que un adulto, tenía un plumaje completamente distinto, mucho más pardo y moteado, como para camuflarse con más éxito entre las sombras y las luces de las hojas de un castaño.

Primero se posó con toda la tranquilidad que otorga la inocencia sobre un radiador, para luego esconderse justo debajo donde se quedó tan quieto mientras lo buscaba que no acertaba a encontrarlo, hasta que por fin voló por una de las ventanas abiertas hacia los castaños florecidos donde, imagino, tiene el **nido**, y cuyas ramas exhalan estos días, al atardecer, uno de los olores más dulces que da la tierra. Parece mentira que unas flores tan anodinas puedan decir con su olor tanto. Estos amentos, gatillos florecidos del castaño, les encantaban a los caballos, como si apreciaran ya en ellos un anticipo de sus frutos.

También ayer supe distinguir yo a primera vista, sin haberlos visto jamás, a qué especie pertenecía el pollo que se había colado en mi casa, porque las aves son ya las que serán desde el principio aunque no se parezcan en nada a los adultos. Los ojos, muy negros y muy vivos, me recordaron a los de su especie. Dicen que lo más importante en estos casos, es no tocarlos para que los padres no los aborrezcan, que es un verbo muy curioso: aborrecer: rechazar los adultos al inmaduro porque ya no tiene el olor a pájaro sino a la mano humana que con sólo tocar algo como un nido, puede cambiar las cosas.

El caso más llamativo de diferencia entre el inmaduro y el adulto es a mi parecer el de los flamencos, cuyos pollos son azules, grisáceos, en vez de rosados como el agua de las lagunas salobres. Pero está ya también en ellos lo que serán en el futuro, la apariencia que tendrán y su comportamiento.

En todo lo que está vivo, está el final desde el principio, entre plumas, piel o flores. Estamos hechos de tiempo.

republica.com, lunes 1 de julio de 2013

ℕiebla

f. Sueño del agua.

Cuando amanece, como ayer, con **niebla**, ni siquiera los estorninos, tan gárrulos, imitadores de las voces y los ruidos que oyen, cantan; y todo está blanco y silencioso, como si alguien les hubiera puesta algodón en el pico.

ABC, domingo 24 de enero de 2010

*

Los cardos parecían flores, las vallas encajes, con la escarcha.

Vengo de recorrer la meseta como si viniera de Siberia porque allí donde había un río y la suficiente **niebla** como para que el sol no fuera más que una bombilla empolvada, se había formado un paisaje que jamás había visto con tanta profusión como hoy, todo blanco de escarcha por la cencellada, la niebla engelante.

Es como si este sol del anticiclón trajera el hielo del que dicen que están hechos los cometas para dejarlo sobre las cosas y recordarnos que no somos sólo ceniza, sino también hielo, como este que se posa bajo la niebla y que no se deshace ni a mediodía, de manera que los chopos deshojados se ven al pasar tan blancos como los cerezos florecidos en primavera; y los pinos, parecen encinas, por la redondez de sus acículas recubiertas de blanco. A las retamas que hay a los lados de la carretera, ni se las reconoce, que incluso las semillas en legumbre negras, están brillantes y blancas. No parece real lo que estamos viendo. No tanto por la escarcha sino por la cantidad que hay de ella sobre la vegetación y las cosas. Y por su exquisita perfección. Al contrario que la nieve, que es más burda, pues no pretende más que dejarse caer hasta acumularse, la escarcha se detiene con cuidado en cada arista y cada forma, se diría que incluso brilla más, hasta el punto de resultar, por su perfección, casi artificial en el paisaje entre la niebla, blancas completamente las choperas, blancas las retamas, blancos los pinos, blancas todas las hierbas secas. La tierra en cambio, sigue oscura. Quizás los terrones están congelados por dentro, pero su apariencia es marrón, o roja, o amarilla, según por donde pasamos. Y todo lo que orla al campo, blanco de nuevo, haciendo de los recuadros, marcos que parecen de merengue.

Así kilómetros y kilómetros por la meseta castellana donde seguramente hay municipios donde llevan sin el ver sol, bajo el anticiclón, varios días. Y cuando lograba asomarse un poco, aparecían los milanos reales con sus colas ahorquilladas, y esas dos manchas blancas como dos soles que tienen en la oscuridad de las alas, sobrevolando la carretera donde no se veía casi nada, más que blanco y blanco y blanco, la obra de arte de la escarcha. Pasando por Villafáfila, alguna tabla de agua que humeaba como si estuviera la laguna hirviendo pero era otra niebla que quería convertirse en hielo para ser al menos algo sólido, por unas horas, o unos días, en el mundo.

Como un escenario de cuento es hoy esta meseta que en otras ocasiones no me dijo nada. A los lados, la remolacha ya recolectada y amontonada, para solearse y que pese menos para el transporte aunque ahora, tendrá que esperar a que se deshaga esta noche blanca de los días neblinosos de escarcha.

republica.com, lunes 9 de diciembre de 2013

72
Océano

———————————————

m. Mar grande.

Si un millonario arruinado decidiera abrir un restaurante con lo poco que le quedara, y en su pobreza se hubiera reconvertido en cocinero y poeta, al conocer por fin en su desgracia lo más hermoso de la vida, fundaría un restaurante como el que hay junto al faro de José Ignacio, al lado de un puesto de caracolas, casi tocando el **océano** y las ballenas y el vuelo de los ostreros, en la República Oriental del Uruguay.

El restaurante se llama "Los Negros" y tiene todo lo eterno que puede haber en lo provisional. Su construcción rústica se olvida en cuanto se da la vuelta a su vajilla de palacio, o cuando el tejado de cañizo sirve en trizas la luz del sol, sobre la mesa, mientras el aire llega desde el mar diciendo, respira, respira, que aún no has muerto. Con las olas incansables siempre al fondo, hay dispuestas efímeras flores silvestres y frescas, ya en jarras de cristal con agua, ya en platos de loza, para dar de comer al alma. Y libros de poesía en el idioma en el que fueron escritos los versos, que se escapan de las páginas y se posan, con letra inglesa, en el dintel de la puerta, en el marco de la ventana, o en el tiro de la chimenea, con el nombre del autor y la fecha, como si el que los hubiera leído no pudiera guardarlos ya para sí. El poema "El remordimiento" de Borges, ocupa toda una pared, y se lee nada más entrar: "He cometido el peor de los pecados/ que un hombre puede cometer. No he sido/ feliz. Que los glaciares del olvido me arrastren y me pierdan, despiadados. /Mis padres me engendraron para el juego arriesgado y hermoso de la vida, para la tierra, el agua, el aire, el fuego./ Los defraudé. No fui feliz. Cumplida/ no fue su joven voluntad. Mi mente se aplicó a las simétricas porfías/ del arte, que entreteje naderías./

Me legaron valor. No fui valiente. No me abandona. Siempre está a mi lado/ la sombra de haber sido un desdichado."

Junto a un faro y un puesto de caracolas, comiendo pescado en caja de hierro con cubiertos de plata, un grupo de amigos conversamos y reímos hasta las lágrimas. Y escribo esto para que conste en acta que la felicidad es un instante. En "la eterna desventura de vivir", abrimos un claro y, sin remordimientos, fuimos felices.

Artículos sentimentales, 2008

73
Paisaje

m. Lugar donde echar a volar la mirada.

Al salir del cine, la oscuridad de la calle me pareció aún más honda que la de una sala cuando entras buscando, entre tinieblas, la luz de faro del acomodador. Llovía. Y las aceras brillaban con las luces diluidas de las farolas como si nacieran las luces ahogadas allí mismo, en el pavimento de la salida del cine.

Ése era todo el brillo de aquella tarde que, en mi ausencia, se había vuelto noche. Lo demás me pareció vacío, opaco, incoloro porque yo venía del mismísimo pie de las colinas de Ngong. "Yo tenía una granja en África…" y no podía ser que aquel horizonte oscuro y de humos, las flores todas cultivadas, pudieran componer el escenario que me había tocado en suerte para vivir toda la vida. En la más inocente tarde de cine, acababa de ser infectada no ya con el germen de África, que ya lo llevaba latente desde el principio de mi vida, sino con otro germen aún peor que es el de los sue-ños, esa enfermedad inexplicable. Así que a partir de algo tan ficticio y tan artificial y tan de mentira como una película y de aquel "yo tenía una granja en África", yo ya no tuve nada de verdad, sólo la más profunda nostalgia que se puede tener en la vida: la nostalgia de lo que no se ha conocido.

A veces pienso que de no haber fundido Sydney Pollack con tanto acierto las imágenes de los paisajes de Kenia con ese precioso concierto para clarinete y orquesta de Mozart, aquella tarde de cine hubiera sido como cualquier otra pero, he de reconocer que, por vez primera, no tuve la im-presión de estar viendo una película sino que la película me estaba viendo a mí: tenía mi música y mis paisajes, jamás vistos ni oídos.

En la novela de Isak Dinesen, sobrenombre de Karen Blixen, traducida por Barbara Mc Shane y Javier Alfaya, se recogen otras frases que no tienen voz en la cinta pero definen perfectamente lo que a mí, sin saberlo, empezó a faltarme: el aire. Escribe la baronesa en "Lejos de África": "La principal característica del paisaje y de tu vida en él era el aire. Al recordar una estancia en las tierras altas africanas te impresiona un sentimiento de haber vivido durante un tiempo en el aire (…) Allí arriba respirabas a gusto y absorbías seguridad vital y ligereza de corazón. En las tierras altas te despertabas por la mañana y pensabas: estoy donde debo estar".

Es curioso el efecto anestésico que provoca en nosotros lo consuetudinario. Yo, hasta aquella tarde de cine, vivía tranquilamente en casa de mis padres teniendo como únicos elementos del **paisaje** una heladería, los cedros del parque del Oeste, y unos vencejos que en las calurosas tardes de verano sobrevolaban un barrio de persianas bajadas. Después, empecé a caminar por las calles siguiendo mis trayectos de siempre pero aguantando la respiración por dentro sin saber cómo ni cuándo ni dónde, podría yo también vivir en el aire.

Y ahora estoy aquí, donde debo estar, entre la bruma verde de los robles; y escribo y vivo y muero mientras me curo de haber soñado tanto.

74

Pampa

f. Llanura con el horizonte al fondo.

La Pampa es un lugar que, sin haber estado jamás, siempre me ha gustado.

A mí, que me agobia encontrar entre las estrellas la luz intermitente de un satélite, y que me hace pensar que tiene que haber otro mundo como éste, pero más grande, con más horizonte y un cielo donde no choquen de noche los ojos con pedazos metálicos que dan vueltas, me encanta saber que existe un lugar donde la referencia para encontrar una casa no es un cartel ni una señal ni un poste, sino los árboles en lontananza.

La casa de la **pampa** argentina en la que nació William Henry Hudson, el gran escritor que acaba de nacer para mí aunque naciera en 1841, se llamaba, aún hoy se llama, la casa de "Los Veinte-Cinco Ombúes". Recuerda Hudson que la primera vez que se alejó de ellos, "al mirar atrás, el bajo tejado de la casa desapareció al cabo de poco rato, pero los árboles –la hilera de veinticinco ombúes gigantescos que le daban su nombre a aquel lugar– siguieron visibles, azules en la distancia, hasta después de recorrer muchos kilómetros".

El primer ombú con el que me crucé en la vida fue el que está plantado junto a la casa de Rosalía de Castro, traído desde Argentina hace veinte años y, sin embargo, su copa es ya más alta que el tejado y sus raíces sobresalen de la tierra, entre las que jugaron aquel día de visita a Padrón mis hijos, que aún eran niños. Me gustó tanto que planté uno en mi casa. Es un árbol raro, el ombú. En realidad, no tiene nada de leñoso, se diría que es más bien una hierba con forma de árbol cuyas ramas necesitan a veces rodrigones pues crecen tan horizontales al suelo como las de una higuera y la madera es tan blanda que "puede cortarse con un cuchillo", escribe Hudson.

Gracias a Fernando Rodríguez Lafuente he encontrado a Hudson, que termina su último libro escribiendo "...incluso en los peores momentos, cuando me vi obligado a pasar mucho tiempo en Londres, apartado de la naturaleza, enfermo, pobre y sin amigos, siempre supe que era infinitamente mejor ser que no ser". Tengo que ir a la pampa y traerme sus libros "Los pájaros y el hombre", "El ombú", "La tierra púrpura" y en la mirada los veinticinco ombúes que todavía hoy son lo último que se ve sobre el horizonte cuando te alejas de su casa.

ABC, sábado 30 de octubre de 2014

75
Pecorear

Recolectar el néctar y los granos de polen las abejas y los abejorros para alimentar con ellos a la colmena, y en especial a las larvas o crías.

"Las abejas jóvenes son generalmente las cereras y las viejas las **pecoreadoras**"

Miguel Pons Fábregues
1907

Petricor

m. Olor a lluvia de la tierra sedienta con las primeras gotas de agua.

Al olor de la tierra tras la lluvia se le llama **petricor**. Está hecho de varias sustancias distintas como si hubiera ido juntando palabras a lo largo del tiempo para decir al final lo mismo a la vegetación, incluso antes de que caiga una gota de lluvia: "Ya llueve, seguid viviendo que viene el agua". Una de estas sustancias es como el olor de un frasco roto de perfume, un alcohol llamado geosmina por salir volando de la tierra, y al cual nosotros, más que oler se diría que oímos llegar en el pensamiento, o que intuimos, como si este olor nos hablara al instinto, a lo más ancestral que queda de la Tierra en nosotros. Empero, se evapora en nuestra memoria olfativa. No lo recordamos hasta que, abrasados, una tarde del final del verano, aparece flotando en el aire, anunciando la lluvia. El petricor es ese olor que solo echamos en falta cuando ha llegado.

ABC, domingo 31 de agosto de 2014

Piedemonte

m. Lugar situado al pie de la montaña, de suave declive, con abundantes derrubios.

Se sube a "El Pendolero" por unos caminos de arena que van trazando unas curvas por donde la escorrentía de la lluvia baja en línea recta.

Es este un paisaje de encinares, jarales y berrocales de **piedemonte**, aquí y allí con peñascos graníticos que parecen haber llegado por el aire para, al tocar suelo, dejar pasar el tiempo mientras se cubren de líquenes amarillos, grisáceos y negros. Qué hermosas son estas piedras, esparcidas por "El pendolero" como las charcas en las que flota, tras salpicar, la lluvia recién llegada.

Mientras subíamos, me di cuenta de que esta finca la había visto yo antes, y así como no podría asegurar que se trate de la misma porque los nombres se me olvidan, no me sucede lo mismo con las imágenes, y hace unos años me enviaron una foto de unos jabalíes con las cuatro torres de Madrid al fondo, esas torres que parecen las patas de un enchufe conectado al cielo, que hoy pondría la mano en el fuego de que esa foto, se hizo en esta finca de "El Pendolero".

De pronto salió el sol entre los chaparrones y me alegré de llevar sombrero campero ya que este sol que sale tras la lluvia, es el que más quema de todos porque viene a dar sobre un aire recién lavado. No acabo yo de verme con plumas en la cabeza; de ponérmelas sería en los brazos, que tienen algo de ala, o como mucho una flor, de las que siempre llevo en el pensamiento. Es una pena, pensé, que esta boda no se hubiera celebrado en mayo, porque las jaras estarían florecidas como novias.

Pero la novia, siendo la más guapa no es la más feliz de una boda, sino los niños que juegan en el estanque, que bailan por las escaleras, o que pueden desaparecer durante horas debajo de una mesa sin que nadie pregunte por ellos. Hubiera dado lo que fuera por llevar unas botas y perderme por estos caminos de arena de "El pendolero".

La casa, que es un palacio, merece un capítulo aparte, con su planta rectangular rematada por un lucernario en lo alto con unos ojos de buey que miran a los cuatro puntos cardinales. Le adornan también mucho las altísimas ventanas de rejas blancas, y el porche tan elevado de la entrada que a la vez hacía de terraza para el segundo piso, uno de esos porches que no te quita el sol pero sí la lluvia. Me recordó inmediatamente este porche pintado hasta el techo de blanco, al de la casa de Washington, por su rectitud y su altura, pero en este caso habían tenido además el acierto de colocar una glicinia en cada columna de hierro pintada de blanco, a las que se abrazaban los troncos de las glicinias como si fueran borrachos que estuvieran dando vueltas alrededor de ellas, con tal presión que los canalones que les han adosado, han venido a ser estrangulados por la fuerza de esta planta que no es más que la expresión de la fuerza de la luz, el agua y la tierra cuando se juntan.

Por dentro, llamaba la atención la escalera y la gran entrada, llena de luz del lucernario, y una pequeña biblioteca en la que también me hubiera perdido, aunque estaba cerrada, y una gran terraza donde se celebraba la boda, con una parte abierta en la que habían colocado, sobre las grandes copas blancas de la balaustrada, con el verde seco del monte de "El Pardo" y la blancura de Madrid al fondo, unas flores de ciclamen rojas.

republica.com, lunes 25 de marzo de 2013

Plenilunio

m. Luna llena.

Hay **plenilunio** en Semana Santa porque la Pascua de Resurrección se celebra el domingo siguiente a la primera luna llena tras el equinoccio de primavera. Todo parece estar esperando a que llegue esta luna para empezar de nuevo.

ABC, martes 30 de marzo de 2010

79
Quitameriendas

f. *Colchicum autumnale* sinónimo de *Merendera montana*. Planta tubero-bulbosa de la familia *Liliaceae* que aparece a principios del otoño, o antes, si llueve sobre los pastos, llamando la atención porque salen primero las flores a ras de suelo, con un color que va del violeta al malva, y después las hojas. Al coincidir dicha floración con el fin de la recolección y la trilla de la cosecha, así como con la merienda que se celebraba por ello en la era y que resultaba suspendida si llovía, le otorgaron el nombre vulgar de quitameriendas. Coincide además su floración con el acortamiento de los días. Otras denominaciones para la misma planta son: merendera, mantequilla, espachapastores, espantapastores y cólquico, por un alcaloide, la colchicina, que contiene.

Leyendo medio tumbado con los zapatos en la cama sale Unamuno.

La foto, anuncia la exposición que termina el 20 septiembre: "Yo, Unamuno" en el Museo de la Biblioteca Nacional. Una exposición de sus manuscritos a la que se llega con el carro de la cabeza lleno porque recorres cosas muy interesantes del museo antes de encontrar la Sala de las Musas al final, como las cosas verdaderamente necesarias en el supermercado.

No sé qué tiene Unamuno que siempre me ha encantado. Me voy dando cuenta de lo importante que es para mí, según encuentro cosas nuevas, como hoy mismo, en un libro sobre su "Diario íntimo", lo que él define como nimbo, y que no tiene que ver con el halo de la luna en las noches de niebla, ni con el halo de los santos en la cabeza, sino con una suerte de nube de imaginación de la que parten las ideas espontáneas, casi soñadas, y que él iba apuntando en un diario porque luego eran el germen o el embrión de las novelas o nivolas que paría "vivíparas", artículos, disquisiciones filosóficas, poemas… a la manera en la que él entendía la poesía y el poeta, cuya definición acabo de leer también hoy, no sin asombro de ver que Unamuno me hace todavía seguir asintiendo mientras leo:

"El poeta, si lo es de verdad, no da conceptos ni formas, se da a sí mismo"

Hay más fotos de Unamuno, entre libros, o con su familia, pero a mí me gusta ésta de la cama, y también la que sale en una atalaya sobre un paisaje y que de alguna manera se le parece porque está como delante de un sueño de ríos, choperas y campos.

No sé si estoy mezclando lo visto en la exposición con las fotos que de Unamuno tengo en la cabeza por haberlas visto antes pero es así como él lo mezclaba todo entre el sueño y la vigilia, entre el sentimiento y el pensamiento, entre la imaginación y la realidad:

"La imaginación, si es algo, es la facultad de crear imágenes, y es, ante todo, la facultad de ver lo real en lo vivo"

"Piensa el sentimiento, siente el pensamiento"

"Pero hay el soñar despierto, la obra creadora artística, el verdadero reino de la libertad"

También hoy me acabo de enterar de algo que me ha dejado pegada al asiento cuando lo he leído porque ha sido como encontrar de pronto la razón de peso por la que, sin saberlo hasta ahora, me gusta tanto Unamuno, y es que se empeñó en unir ciencia y poesía.

De la **quitameriendas** (*Merendera montana*), que acaba de florecer tras las lluvias en la sierra de Guadarrama, llamada precisamente así, quitameriendas, porque sale con estas lluvias del final del verano que estropean las meriendas en el campo, escribió un poema en el que dice que es: "Flor solitaria sin tallo/ ni otro apoyo que sí misma".

Y es verdad: han florecido las quitameriendas sentadas, casi tumbadas, en la cama de la tierra.

republica.com, lunes 7 de septiembre de 2015

80
raíz

f. Anclaje ramificado de la planta para alimentarse en la tierra.

El camino hacia la casa de Hemingway pasa por interminables islas pequeñísimas orladas de mangles, árboles que caminan por el mar con sus **raíces** como los danzadores con zancos de Anguiano por las calles, hasta que se detienen y, clavados los mangles a la arena, parecen hombres ensimismados que llevaran tantos años mirando el horizonte de turquesas que ya no recordaran qué, ni cómo, era lo que estaban esperando.

Tanto buscar la magia y la fantasía hacia el norte de Florida, y resulta que vive justo en sentido contrario, hacia la casa de Hemingway, en Key West, el último de los cayos. La casa, al contrario que otras casas de escritores, frías y vacías como un libro en blanco, en la casa de Hemingway da la impresión de que va a aparecer él en cualquier momento, brillando de escamas, para echarnos a todos excepto a sus gatos. Gatos rarísimos de raras patas que le traían los pescadores y que dejaron sus huellas en el cemento de las aceras de esta preciosa casa colonial de porches y ventanas verdes donde se construyó, en ausencia de Hemingway, la primera piscina de Key West por orden de una de sus mujeres, no recuerdo ahora su nombre, pero sí que la piscina costó tres veces más que la casa. A su regreso, Hemingway, indignado, dijo que él sólo pagaría el último centavo, y lo dejó allí, en el bordillo de la piscina, incrustado para siempre en el cemento como las huellas de sus gatos.

Si alguien me preguntara si merece la pena avanzar tantas millas saltando de una isla a otra para llegar a esta casa, yo le diría que hay que ir, precisamente, sólo por recorrer el largo camino, un trayecto maravillosamente dibujado por Torcuato Luca de Tena en su libro "Escrito en las olas" donde relata la construcción del ferrocarril sobre el océano que unió estas islas y cuyos restos aún se pueden ver derrotados frente a los mangles que han seguido avanzando como si el "go ahead" de Flager, tras cada huracán, sólo lo hubieran oído ellos. No avanzan estos árboles sobre el mar únicamente con sus raíces, sino también con sus frutos, que tienen forma de estaca y que son vivíparos, es decir, que germinan estando aún en las ramas, de donde nace de cada fruto una nueva planta que sólo se suelta de la planta madre cuando ya está formada. Entonces cae y se clava en la arena del fondo, siempre que el agua no tenga más de medio metro de profundidad, en cuyo caso el fruto describiría una trayectoria curva. Pero las raíces, que son como zancos, al avanzar hacia el mar crean un entramado donde la arena se acumula hasta que reduce el nivel del agua y el fruto arraiga; y fruto y raíces y ramas consiguen que los bosques caminen por el mar, que es la más verdadera fantasía del mundo.

Fantasía de un camino verde, blanco y turquesa de una sencillez y claridad luminosa como la escritura y la voz de Hemingway, diciendo: "Escribe, si puedes, cosas que sean tan improbables como un sueño, tan absurdas como la luna de miel de un saltamontes y tan verdaderas como el sencillo corazón de un niño."

Artículos sentimentales, 2008

81
rebalaje

m. Agua rematada por la espuma de las olas que extiende arcos superpuestos por la orilla de la playa. También se llama rebalaje al lugar por donde va y viene esa agua incansable donde se alimentan las aves limícolas.

río

---

m. Corriente de agua que desemboca en otra agua, dulce o salada.

La vida es un **río** al que vamos echando obstáculos hasta que se bifurca en brazos como ramas; de ahí que hay quien viera en la vida un árbol, cuando es un delta, donde el agua del final es, con todas sus vicisitudes, la del principio.

ABC, miércoles 8 de agosto de 2012

*

Queridos lectores: el agua tiene el color de la tierra y la tierra el color del agua. Son una misma cosa, por los caminos, cuando ha llovido. Damos pantocazos sobre un barro fino y rosado, siguiendo la orilla del Lukaya, cuyas aguas terminan en el Congo, con el Ndjili de intermediario. Cruzamos las vías del ferrocarril Matadi-Kinshasa, cubiertas de verdor, donde pastan las cabras. Vemos por vez primera una cierta agricultura, limpia, ordenada, inocente, bajo unos sombrajos de bambúes cubiertos de palma. Unos hombres extraen arena de la playa del **río** y la dejan en montones rosas haciendo un cumio, como haría un niño, con la forma del último cubo. Mujeres que lavan en el agua terrosa. Flores rojas del paraíso. Árboles con raíces aéreas. Mariposas azules. Verdor de papiros. Soy de este lugar desde muchísimo antes de mi nacimiento. El resto del mundo es un segundo plato del origen.

Cartas del Congo (5)
ABC, sábado 7 de enero de 2016

*

En la mañana de Navidad nos fuimos mi hijo Guillermo y yo a recorrer la orilla del Mandeo.

Le desperté temprano, ¿nos vamos al **río**?, sabiendo que Guillo sería el único de la casa que no me diría que no, como así fue.

La sensación era de escaparnos, en unas horas que nos quedaban libres entre la cena de Nochebuena que habíamos celebrado en casa y la comida de Navidad que nos esperaba en la casa de mis suegros, dejando atrás el primer lavaplatos puesto, y la mesa todavía llena de copas.

Llegamos al río y, aunque el agua de la presa de Chelo estaba tranquila, caía mucha por las escalas de los salmones, teniendo en cuenta lo poco que ha llovido. Las cascadas eran blancas como las crines de un caballo albino, el agua verdosa y oscura, en algunos tramos, donde había playas, doradas, del color de las hojas que sobre el agua caían como una lluvia que fuera a dar justo en la imagen de las ramas, de manera que las hojas que creían haber dejado atrás al árbol, volvían a encontrarse con él, en su reflejo.

Cada vez que soplaba una vaharada de viento, caían sobre nosotros estas hojas que al ser las últimas, se nos antojaban aún más valiosas, por lo que nos deteníamos y mirábamos hacia arriba esa suerte de nube que era el grisáceo enramado de invierno, del que despegaban estas hojas a cámara lenta como si fueran frenándose en el aire, de manera que se diría que bajaban los peldaños de una escalera vertical por la que rodaban enseñando el haz y el envés en la caída. Algunas seguían girando al llegar al agua, esta vez llevadas por las invisibles manos de la corriente.

Había avellanos en la ribera que ya tenían los amentos desplegados sobre el río, dispuestos a dejar caer el polen, además de alisos completamente deshojados, algún fruto rojo del color de las cerezas que parecían los de un guindo y, entre las rocas, bayas rojas de rusco, con sus filoclados semejando verdaderas hojas con pincho final, distribuidos de una manera muy peculiar porque van dando la vuelta al tallo de manera que un filoclado señala un dirección, y el siguiente otra, formando una suerte de rosa de los vientos verde. Todo esto mirado de una manera muy fugaz porque queríamos llegar al menos al puente, para ver pasar el río por debajo, y todo su respirar, ese vaho que se eleva desde las aguas frías en invierno y que te hace querer vivir también a ti con mas fuerza al notar que sigue vivo el río.

Lo que hubiéramos dado por ver una nutria, un desmán, o tal vez un corzo bebiendo, aunque en el fondo tampoco necesitábamos más que observar la belleza original intacta porque es ella la que puede contenerlo todo, aunque no lo veas. Es más, preferimos el indicio a la presencia si ello supone que lo que por aquí vive sigue conservando su ser silvestre. Claro que no me hubiera importando ver algún salmón remontando por las escalas. Nos dijo un señor que recolectaba anillas de aves igual que un pescador sumergido hasta la cintura pero con un detector de metales en vez de caña, que era muy temprano para verlos. Que suben más tarde. Pero yo creo que ayer hubiera sido un buen día para ver salmones, de haber tenido más tiempo.

Regresamos conversando sobre un camino alfombrado de hojas de aliso y de roble. Estábamos solos y en ningún momento nos pareció que así fuera. Todos esos árboles deshojados nos protegían la cabeza y parecían abrazarnos con sus ramas, consolarnos de todas las penas mientras ponían a nuestros pies sus hojas.

Sonó el teléfono cuando ya estábamos llegando a casa de mis suegros, y al fin sí, empezamos a comer con toda la familia.

De vez en cuando, tras los langostinos y el pavo asado, cruzábamos mi hijo y yo una mirada.

Para ver en los ojos del otro el río.

republica. com, martes 26 de diciembre de 2017

83
ruderal

Se dice de las plantas que nos acompañan por los caminos, las vías del tren, la ciudad o los cultivos.

Ésta es la pequeña historia de un poema escrito en una pared portuguesa, uno de esos poemas que te ponen del revés el alma como si el alma fuera un jersey mal puesto.

Los versos no estaban a la intemperie, no, sobre una de las fachadas de Lisboa, por otro lado verdaderos poemas de grietas y colores melancólicos, con huecos para los nidos de hojas de los vencejos y tierra para las flores **ruderales**; paredes con desconchones de caracola olvidada; paredes vividas, decadentes, del hermoso corazón de las ciudades viejas. Estaba el poema, sí, escrito en el centro de Lisboa, pero en el interior de un café, sobre la pared que hay, ¿o había?, encima de su puerta de entrada y que se podía leer si mirabas hacia la calle, arriba y un poco a la derecha, desde una barra de antiguas maderas. El local, me parece imposible poder describirlo ahora, pero el poema, sus versos, no los olvidaré nunca; quiero decir: que no me acuerdo de nada; no podría precisar si trataban del girasol o de Neptuno, del viento que no cesa, de la mirada de los ojos; y, sin embargo, reconocería estos versos portugueses dentro de un millón de poemas, como esas caras que se ven una vez en la vida y no eres capaz de reconstruirlas con la memoria, pero que, de volver a tenerlas de frente un solo instante, distinguirías sin dudar entre todos los rostros del mundo.

De haberme encontrado sola en aquel café, y de haber estado en Oporto en vez de en Lisboa, hubiera podido detenerme a mirar si se trataba de un poema de Ricardo Reis, uno de los heterónimos de Pessoa, el poeta de

la Naturaleza; pero estaba inmersa en un viaje de trabajo y un compañero
de mi marido me hablaba y me hablaba mientras yo quería leer y releer
el poema situado, con respecto a la cabeza de mi interlocutor, locutor a
solas, solista, a unos cinco metros de profundidad, y a tres de altura.

Nada tenían que ver estos versos con esos azulejos de los bares españoles tan al alcance de la vista sobre la mujer o el toro o la comida y que
se leen en un segundo. No. Este poema exigía un detenimiento que casi
me lleva a hacerle un feo al que me contaba no sé qué cosas; menos mal
que mi marido, que había detectado ya el vuelo de las primeras nubes en
mi cabeza, me cogió muy despacio del brazo en ese habitual gesto suyo,
consciente e inconsciente, de agarrarme a la tierra, o de hacer masa, como
si temiera que mis pensamientos pudieran llegar a electrocutarme.

Desperté al mundo sin letras cuando oí decir a alguien que había que irse
y, entonces, guardé a toda prisa un sobre vacío de azúcar en la cartera
como el que agarra el cordel de una cometa. Hace unos días lo encontré
por casualidad y, al desdoblar el sobre, se le quedaron unas marcas como
las de un mantel de hilo que se usa cada muchos años, mientras caían al
escritorio unos cuantos granos de azúcar. Tiene dibujado un señor de hace
dos siglos tomando una taza de café, y pone: A Brasileira do Chiado. O
melhor café é o d´A Brasileira. Av. Duque de Loulé, 51 LISBOA.

Si alguien se acerca por allí estos días, ¿podría hacerme el favor de volver
a leer por mí ese poema?

NOTA DE LA AUTORA:

Unos lectores y mi hermano Juan, tuvieron la amabilidad de copiarlo del
Café "A Brasileira". Chiado. Lisboa.

Y lo escribo tal y como, con una postal del café, me lo envió mi hermano:

AS ALMAS QUE SE ESCONDEM NO LUGAR
ISTO É REAL: OS ROSTROS ONDULANTES
UMA EXTENSAO DE MISTERIO: A LUZ A COR

OS SINAIS DA TERNURA LATEJANDO
NO INTERIOR DAS COSAS, SEM CORAGEM
ISTO É REAL: E ESCORRE PERLAS RUAS
COMO A NEVOA NO FIN DO HORIZONTE
NAS CURVAS DO ARCO IRIS, NOS MARES
NO SUR DE MULHER ADORMECIDA
ISTO É REAL: E GRITA, E CONTINUA
TRANSFIGURA SEGREDOS, PERMANECE
ESTREMECE AS PRESENÇAS, AS AUSENCIAS
ABRE PUERTAS AO DIA, FECHA A NOITE
NO CONCAVO DAS MAOS, CRIA PUREZA.

"Oleos e un poema" Antonio Palais (?)

84

Salsero

m. Salpicadura de agua de mar que forma una nube salada al pulverizarse contra las rocas de la costa. Los marineros llaman salsero también al agua de mar que salpica el barco al navegar.

El agua y el viento hacen ruidos parecidos.

Se diría que estaban antes de la tierra todos esos sonidos que, sobre la costa, oímos, desde el bramido contra los acantilados mientras las nubes de agua salada ascienden espolvoreadas en **salseros**, a ese otro de las olas en la playa, que es como de pasos desganados, igual que los de un náufrago, como si le pesara al mar el mundo.

Todos lo vemos claramente, el mar llegando a la playa, yendo y viniendo por la orilla, pero no conseguimos ponerle un nombre a ese ruido que se repite como un respirar del agua.

Pregunto al experto en sonidos de la Naturaleza, Carlos de Hita, y me da nombres curiosísimos, todos ellos para una manera de romper el agua en la costa, como si el nombre, igual que el ruido, no surgiera por sí solo, sino con la ayuda de algo sólido a lo que agarrarse, como la madera para el aire de una flauta, o el arrecife para la errante vida marina.

Puede que no haya nada más errante que los sonidos marinos por el aire.

Me escribe Carlos de Hita que "todos los sonidos están en el mar" y me da una valiosísima lista entre las que incluye términos para poder nombrar con propiedad el ruido que hace el mar como: roncar, bramar, regolfar, borbollar, retumbar, incluso bruar, que viene del gallego "bruído", al que definen como "bramido, ruido fuerte del mar o del viento"; pienso, además, en la de topónimos que habrá por la costa gallega que se lo deban al ruido del océano, como Punta Roncudo.

El verbo "bramar" lo utilizó Gustavo Adolfo Bécquer, según apuntan varias de las personas que, amablemente, han aceptado buscar conmigo esta palabra que se repite mientras miramos al horizonte, esa otra pregunta, también sin respuesta, curva y plana al mismo tiempo.

Se apoyó en "bramar" Bécquer en la rima LII:

"Olas gigantes que os rompéis bramando/ en las playas desiertas y remotas,/ envuelto entre la sábana de espumas,/ ¡llevadme con vosotras!"

Pero aún no he dado con la palabra que hable del sonido de ese ir y venir del mar arrastrándose como un fantasma por la orilla de la playa, dejando unos círculos, la mitad de una luna de arena, como si la otra siempre quedara en el agua, dibujando una suerte de cordilleras, rematadas en espuma, muy redondeadas, que es como hace con todo el mar, redondear la piedra, los vidrios, las maderas, los huesos, los siglos…

La mar quita aristas a todo lo que cae en sus manos.

Pero su sonido, se diría que es muy anterior, incluso a los sonidos de la tierra, con la que logra una variedad musical extraordinaria, desde mucho antes de que hubiera alguien para apreciarla, cuevas sin oídos en los acantilados, playas desiertas, viento y agua bramando sin nadie en el mundo que les escribiera un poema.

Quizás habría que preguntar a una caracola por ese resonar que llevamos, también al respirar, dentro.

Todo un mar.

Son de mar.

republica.com, lunes 8 de agosto de 2016

85
Sámara

f. Fruto volador.

El cielo estaba muy azul cuando llegamos a Toledo, lo cual producía un contraste muy vivo con el verde de las ramas de los olmos, al no tener aún las hojas sino las **sámaras**, esos frutos que son como monedas volanderas sin peso de un verde tan intenso como azul es el cielo despejado.

El Greco, está por todas partes, sus cielos pintados sobre un fondo rojo como si toda la obra fuera un incendio, que incluso las figuras de las que tanto dicen que pintaba así porque sufría El Greco astigmatismo, a mí me pareció que también estaban ardiendo, como si el fuego fuera el principio, la base de toda la pintura de El Greco, de tal manera que los personajes pintados más que moverse, flamean como una llama, se retuercen con sus ropajes en hélice, o en espiral como en una galaxia.

Es un universo aparte la obra de El Greco, donde se diría que estamos viendo la manera en la que el tiempo pasa, y al pasar esa nube transparente de los segundos, da luz y da sombra, y da colores que no existen más que en la cabeza de alguien que ve el fuego de la vida ardiendo como una zarza en las miradas y en el interior de las personas.

Las manos, las pinta muy blancas, con dedos muy alargados, separados por trazos negros como para hacernos ver el abismo que hay entre los dedos por donde todo, al intentar apresarlo, se nos escapa.

Tras subir unas escaleras mecánicas, entras a Toledo por donde en 1577 realizó el Greco su primer gran encargo que consistiera en el retablo mayor para Santo Domingo el Antiguo, donde las monjas venden mazapanes sobre el coro con una alegría en la cara como si fueran niñas que están jugando a las tiendas, viendo pasar a la gente hacia las vitrinas que guardan los contratos manuscritos de El Greco estableciendo sus honorarios, lo cual te produce una ternura infinita, pensar que incluso quien fue capaz de quemar su propia vida en su obra, sufriera la cicatería. Una obra que está aquí tristemente desmembrada, al haberse llevado piezas del retablo a otras partes, pero descubres en algún ropaje el mismo verde de los olmos de las ramas fructificadas en esas plazas toledanas en las que desembocan calles tan estrechas que hasta un rayo de sol tiene dificultades para entrar y alumbrarlas, como sucede con los intersticios que hay entre los dedos.

Lo demás es todo en el paisaje de una discreción castellana, que hasta el rojo de los ladrillos es un rojo de tierra, y los tejados, como si fueran leños apilados, tienen sobre sus tejas unos líquenes verdegrises que recuerdan a los de los troncos de las encinas, y hasta ese mismo color de la hoja recia de la encina, es el que tiene el río como si hubiera sumergido en sus aguas un bosque de encinas y de cipreses porque es ese mismo verde de sus ramas, verde seco, el que tiene el agua del Tajo al rodear, con la curva de un lazo, Toledo.

Había cormoranes muy negros volando a ras de la superficie y, sobre el cielo, los primeros aviones comunes que observo este año, mientras salgo de leer, en la reproducción de la casa de El Greco que hiciera el marqués de la Vega-Inclán, don Benigno, gran mecenas del siglo XX, uno de los principales artífices de la puesta en valor de la obra de El Greco, la mejor definición de Toledo que he leído hasta ahora, de Lope de Vega, cuando dice algo así, y lo digo de memoria: "Toledo, corazón de España".

Un corazón que no es de un rojo muy vivo sino también terroso como sus monumentos y sus casas, cubierto en Toledo nuestro corazón por el barro de los siglos.

republica.com, lunes 24 de marzo de 2014

86

Selva

f. Exuberante extensión de nubes verdes, hecha de vegetales y animales, protegiendo la tierra.

A novecientos kilómetros por hora, se tarda cuatro horas en sobrevolar la **selva** del Amazonas.

Más vasta que los desiertos, más inmensa que los mares, es la selva allí abajo, todo copas que desde arriba parecen tener la densidad de una coliflor, el verde del brócoli, porque todo es verde y es selva y es copa muy junta de árboles. Así horas y horas y más horas.

En el cielo, bajo el avión, desperdigadas y blancas, hay nubes de las que al menos de la mitad está cayendo el agua y sobre el blanco de la nube, por el lado en el que le está dando el sol, se ve un arco iris en cada una, pero no con forma de arco, sino vertical, paralelo al crecimiento de la nube.

Y estos mismos colores del arco iris destacan en el agua serpenteante de los ríos pues, según se vuela hacia ellos, brillan y deslumbran primero en naranja y amarillo, y luego en verde y en malvas.

A veces, en un meandro, se ve una pequeña hacienda, como si fuera parte del limo, con su diminuto aeropuerto de roja tierra. Porque no hay caminos ni carreteras ni vías de tren, ni nada que atraviese la selva y diga: por aquí pasa el hombre. No hay nada humano en la selva del Amazonas. Al menos nada que se vea desde el aire.

Sólo cuando se está llegando a Manaos, donde confluye el agua transparente y oscura del Río Negro con la rosada del Amazonas, se siente el alivio de ver que abajo vive alguien. De momento. Porque la selva, como la lava verde de un volcán muy antiguo, avanza hacia la ciudad y el río.

Igual que los insectos que nadan en el agua de la bromelias, así me pareció Manaos el otro día, algo atrapado en sí mismo, caído en el verdor de la más hermosa trampa de la Tierra.

ABC, viernes 28 de septiembre de 2007

*

Queridos lectores: aterrizamos en Kinshasa sin luna. Titilaba la tierra como si estuviera constelada. Un río de luces brillaba por las orillas del Congo. Son nuevos el aeropuerto y la autopista orlada de linternas del mercado nocturno. Luego, la oscuridad de un cuarto trastero donde entre 12 y 17 millones de personas se extienden como una alfombra, dejando algún flamboyán en medio, superviviente del maremoto humano. De sol a sol, no trabajan la tierra. Son la noche. Son el sol. Son la tierra. Las mujeres caminan con una palangana llena de panes en la cabeza, erguidas, embarazadas. Visten igual que las flores. Tuestan cacahuetes con la **selva** virgen carbonizada. Los hombres vigilan la sombra de una ceiba, queman basura, o cortan en la calle el pelo con cuchillas de afeitar planas que acaban por el suelo brillando entre el barro casi tanto como nuestra piel al aterrizar en Kinshasa.

Cartas del Congo (3)
ABC, sábado 23 de enero de 2016

*

Aunque la República de Panamá es un istmo, tienes la sensación de estar en una isla, en una tierra que soltó amarras.

Porque Panamá está partida en mil pedazos por el agua, y luego por la mano de la humanidad en una de las proezas más asombrosas que yo haya visto: el canal de Panamá.

Ya desde el aire, antes de aterrizar hace unos días al anochecer en esa ciudad de los rascacielos que es Panamá City, se divisaba el cúmulo, como de estrellas en el cielo, de luces en el agua, que son los buques en la oscuridad del océano esperando su turno, hasta veinticuatro horas, alrededor de la isla de Taboga, para cruzar el canal.

Si se hubiera venido a construir este canal en otro lugar, se podría hablar de destrozo de la Naturaleza, pero aquí, los que dan una pena inmensa, son cada uno de los miles de antillanos, jamaicanos, españoles, italianos, franceses, americanos, que vinieron a cavar la tierra, a poner dinamita, a mover montañas de selva, para hacer que uno y otro océano se juntaran. No fue posible. Todo el canal es agua dulce, y ése es el triunfo de los dos océanos, el Atlántico y el Pacífico juntos, unidos por el canal, pero no revueltas sus aguas.

Los primeros en intentarlo fueron los franceses, y tuvieron que abandonar, de tantas cruces como dejaron en la tierra, por la malaria y la fiebre amarilla. Ya solo con estar en la **selva** lluviosa panameña, se empieza a perder la vida. El aliento de la vegetación te asfixia, con tanto calor y humedad; y yo añadiría que todo te observa como un posible recurso. La soledad, sería quizás la muerte en un solo día.

No fue posible, también por la abundancia de desniveles, romper el istmo, y solo gracias a la imaginación de un ingeniero americano al que se le ocurrió hacer las esclusas, se pudieron conectar los dos océanos, demostrando que la fuerza de una idea, puede ser mayor que la fuerza de la Naturaleza.

Y así en la esclusa de Miraflores, desde lo alto de una terraza, se ve a los buques subir y bajar por ese ascensor que es el agua encerrada en compartimentos que se llenan y se vacían. Como a escalones, van elevándose y bajando los cargueros, mientras los pelícanos y las fragatas les sobrevuelan. Ocho horas, tarda en navegar el canal un buque, y le cobran por el peso, y por eso te cuentan que el que menos pagó fue otro americano que hizo el canal a nado en 1928, y le cobraron 0,36 dólares.

Los panameños consiguen contagiarte su orgullo por el canal. Su moneda, el balboa, rinde honor al español que se dio cuenta de lo estrecha que era aquí la tierra entre los dos océanos.

Antes de abandonar la esclusa de Miraflores, blanca, inocente y azul, te encuentras con ocho palabras en letras grandes, puestas en este orden desde arriba: "Ilusión, Esfuerzo, Coraje, Determinación, Perseverancia, Espíritu, Empeño, Sacrificio".

Palabras que ya teníamos casi olvidadas.

republica.com, lunes 20 de diciembre de 2010

87

Semilla

f. Voluntad de ser.

La casa nos la hizo Sobrino. Al techar pusieron una rama de laurel en el tejado. Los árboles han sobrepasado con mucho esa altura. Fue una casa más pequeña de lo que yo hubiera querido. Estaba embarazada. Sobrino nos llevaba con su furgoneta por las *corredoiras* atravesando los montes para buscar la madera. Estuve a punto de perder al niño, por lo que me quedé en Madrid, encargando las cosas por teléfono. Cuando llegué, las habitaciones eran pequeñas y la chimenea grande como una habitación. Guardamos en ella los cuadros. Era abril y era de noche. No había alumbrado. Parecía que íbamos en avión. Se veían cuatro lucecitas de Merille en el mar de la misma oscuridad. Pasó un tractor como un faro por las ventanas. Era el nieto de José do Corvo. Pisaba la **semilla** recién sembrada para que no se la llevara el agua. Dijo que podía llover. Y llovió la primera noche que dormimos en casa.

ABC, sábado 16 de julio de 2016

88
Seroja

f. Hoja seca, ramita, viruta que cae del árbol o de la leña. Lo que el árbol, o su leña, entrega al suelo y sus habitantes.

Sobre las rocas cubiertas de **seroja** de roble y de musgo, a la orilla del río, han florecido las aleluyas. Por sus hojas, recuerdan las aleluyas a los tréboles pero sus flores, son completamente distintas pues tienen cinco pétalos blancos llenos de nervaduras malvas que parecen huellas dactilares, o las señales para indicar dónde aterrizar a unos insectos que siempre son los mismos, dos o tres dentro de cada flor, diminutos y un poco verdes y un poco transparentes, siempre de la misma especie como si sólo ellos vieran desde el cielo estos dibujos de nervaduras malvas en los dedos blancos que son los pétalos de la aleluya.

También hay narcisos y prímulas y violetas silvestres florecidas, pero todas se detienen en seco en la linde que señala, como marcado a fuego, el lugar donde comienza la plantación de eucaliptos, esa jaula de madera, esos árboles que son barrotes, a dos pasos de la orilla.

A veces creo que no hay nada peor que la unanimidad. Con que tan sólo uno de los dueños de estas tierras plantase robles, se abriría la puerta para que pudieran alegrar un poco el mundo, al salir de la orilla, las flores de Pascua.

ABC, lunes 28 de marzo de 2005

89
Serondo, da

Se dice de la flor o del fruto tardío que no se da hasta que llega el otoño.

90
Silvestre

En la Naturaleza se dice de lo espontáneo y verdadero.

Nunca me había pasado, ver la casa antes que el poema. Cruzaba el puente sobre el río Anllóns y, al final, en la curva, haciendo esquina, veía una casa grande, toda de piedra, una casa hermosa que no impone, ni deslumbra, sino que alumbra al que pasa, mira y piensa, ¿de quién será esa casa?

La fachada, tiene forma de "L", con su pico, su ángulo de noventa grados, pero la valla traza la misma curva dulce del río y del camino del sol por el día. Es un cierre de piedra y rosal que no supera la altura del pecho, por lo que la vivienda queda completamente al descubierto, para todo el que quiera detener allí sus ojos, aunque sólo esté de paso.

Te asaltan estas casas en el camino con la misma belleza de las flores **silvestres** en la cuneta, y no se sabe qué es lo que tienen, porque a veces son casas pequeñas, humildes moradas campesinas que adornan el paisaje con tal fuerza que dan ganas de detenerse, llamar a la puerta, y decirles a sus dueños: "Tienen ustedes una casa preciosa". Pero no lo hacemos. En ocasiones, ni siquiera la mirada traspasa el muro, su pintura desconchada, recubierta la piedra de hierbas y de erígeros, esas pequeñísimas margaritas que tienen pétalos finos como cerillas, y los colores blancos y rosados de un flamenco y que, cuando se abren estos días, convierten los muros en blandos y florecidos prados, dispuestos en vertical sobre la tierra.

Por más que lo pienso, no podría precisar qué es exactamente lo que me gustó de esta casa, qué vislumbré en ella, qué tiene, quizás el lugar que la rodea, el monte, el río, el olor del mar tan cerca, la curva del camino, las porcelanas blancas del antiguo tendido eléctrico, la galería de madera. Pasaba por allí, y notaba algo inesperado, cálido en pleno invierno, justo la sensación contraria de cuando vamos buscando una casa porque en ella vivió un músico, un pintor, un poeta, y llegamos y encontramos ya sólo las frías paredes y los cuatro muebles que quedaban y tratamos con gran esfuerzo de imaginar su vida en ella. Pero en este caso, era la casa, la que llamaba, no la poesía.

Hace unas semanas, alguien me dijo: "Yo nací en la casa de Pondal, en Ponteceso". Y allí me fui, dispuesta a ver la fría casa de un escritor, de un poeta. Y cuál fue mi sorpresa al irme acercando y caer en la cuenta de que era la casa de la esquina, la de la valla de piedra y rosal, la de los lirios florecidos de blanco, la del río. Allí, el seis de febrero de 1835, nació Eduardo Pondal que, en palabras de su amigo Manuel Murguía, casado con Rosalía de Castro, fue "un mozo alto, airoso, de cabello y ojos negros, moreno de cara, ágil de movimientos, toda vida y franqueza en su porte".

Y ahora, siguiendo el camino contrario, he llegado a sus poemas sobre los rumores de los pinos, el río Anllóns, el monte blanco, su casa gallega de Ponteceso:

Eu non nacín en vila nin cidade,
Mas, lonxe do seu ruído lisonxeiro;
Eu nacín cabo de pinal espeso,
Eu nacín na pequena Ponteceso.

*

El río Lor aparece sin esperarlo en la curva de un camino, al fondo de un barranco.

Lo ves allí abajo, azul, casi blanco por la corriente, de la espuma que lleva encima.

Por un momento se diría que la mirada y el corazón y hasta el alma, beben de su agua.

Llama la atención en cuanto te acercas lo azul que baja este río entre los alisos que ya verdean, con su puente de piedra al fondo, por donde dicen que pasó un rey a caballo; a los lados, minas de oro y molinos de piedra abandonados, con las lascas de pizarra del tejado brillando al sol como si tuvieran por encima agua del río pulverizada que parecía posarse como un pájaro sobre todas las cosas que le rodean para darle aún más brillo.

El sonido era algo que no te dejaba escuchar otra cosa, un oleaje continuo, una marejada de agua azul recién nacida, cuyo eco repetían los rocas de los barrancos por donde caían alcornoques centenarios que se inclinaban hasta mojar su tronco en el agua como si quisieran comprobar cuánto podía flotar su corcho en el río.

El cauce del Lor se ensancha y se remansa en algunos tramos, haciendo en la orilla playas de una arena tan blanca y tan fina que no te creías al verla que fuera la de un río porque además también los caminos de la ribera, donde había prímulas **silvestres** de un amarillo muy pálido florecidas, tenían esta arena finísima, hasta el punto que los zapatos se te llenaban de arena como si estuvieras paseando por una duna.

Se conoce que esta arena llegó más allá de la orilla con las crecidas, al igual que un montón de ramas rotas y de hojas todavía de otoño, mojadas y reblandecidas como cartones, que se acumulaban a los pies de los troncos de los alisos como si fueran nidos de garzas, por las crecidas del río. Había huellas de corzo, como dos lunas, creciente y menguante enfrentadas, en esta arena de la orilla.

Y en los tramos más torrenciales del Lor, donde ni las olas tienen tanta espuma, colgaban sin inmutarse, muy verdes, los amentos de los avellanos sobre este río azul que parecía un océano bajando al mar.

Es un río que podría ser una ballena que se volviera de pronto un caballo bayo galopando.

En las numerosas presas que el Lor había ido derribando una a una hasta pasar con el tiempo por encima de todas las piedras volviéndolas redondas como un mundo, se veía el agua de un azul aún más profundo, ese azul oscuro y limpio que hay en los fondos marinos.

Pero el agua es dulce y es clara como la luz del atardecer cayendo sobre las casas que quedan, algunas abandonadas, con sus ventanas abiertas y su portón al sol con la oscuridad redonda y negra, igual que un gran punto y final, del agujero de la gatera.

Sin embargo todavía se trabaja la tierra y sobre los viñedos, aún sin pámpanos, que hay enraizados en la vega con cepas de siglos, había un hombre arando la viña con un caballo porque por aquí no pasa el tiempo: sólo el río.

Hijo de unos agricultores, con el rugido del Lor de fondo, nació el poeta Novoneyra:

"¡Lor bramando por el valle cerrado!"

Su llanto se mezcló con ese rugido.

Sus primeras lágrimas fueron a dar al agua azul del río Lor.

fundacionaquae.org , viernes 1 de abril de 2016

91
Sol

m. Estrella que alumbra la Tierra.

Al estar bañado todo por el mismo **Sol**, todo es distinto y todo es lo mismo.

Un Sol que da infinitas luces.

*

Salió el **sol**, atravesando el humo de las lumbreradas flotando a media altura, porque el frío es un techo. Mi vecino labra su huerta. Es como si nuestra sangre se pareciera a la savia de los árboles y este sol, como un corazón, nos moviera.

ABC, miércoles 25 de enero de 2012

*

Es raro ver por aquí a las mujeres sentadas.

Pero estaban Pilar y Carmen, a la puerta de la casa, sentadas en el banco que Carmen y Eliseo tienen para que se tumben los gatos al último **sol** del día, con los ojos cerrados, haciendo que duermen. El gato estaba en el suelo, y Jorgito, jugando con una vara de castaño como las que cortaba para mis hijos Antonio. Nunca las veo envejecer, solo trabajar a todas horas. Casi siempre de lejos, me saludan, sin bajar del tractor, o se paran como suele hacer Julio para preguntarle a mi marido si lloverá mañana. En las aspas que acaban de segar el trigo, se ha quedado pegado el grano, esa insignificancia por la que ha habido guerras, revoluciones y hambrunas.

Se sabe por dónde ha pasado Julio porque en la carretera se queda orillada la paja que va cayendo del tractor a su paso, y así junto al negro del asfalto, queda la claridad del cereal y luego el verdor de la cuneta, que ya va siendo menos. Se nota en las fincas donde pastan las ovejas, que ya casi no queda hierba y sólo están verdes los helechos que, por alguna razón, no prueban. Y en esto se demuestra que hasta el más doméstico y pacífico de los animales tiene su capacidad de influir en el entorno, y la simple decisión de no pastar los pteridófitos hace que medren por encima de otras especies los helechales.

Todo esto lo voy viendo según doy un paseo cada mañana para ir a buscar andando, a dos kilómetros, el periódico de cada día. Se me hizo raro ver sentadas a Pilar y a Carmen, sabiendo que en el campo la mujer jamás se sienta si no es para coser o abrir las habas. Me fui pensando que aunque no lo parece, sin darme yo cuenta, se han hecho mayores. Yo también al volver del paseo, noto que me canso más que otros veranos.

ABC, sábado 24 de julio de 2010

*

Cae un chaparrón y luego todo parece nuevo. Como si no encontrase partículas que la detuvieran, duele la luz del **sol** en los ojos, brilla el paisaje de azules y de verdes. En Galicia no llueve, es que al cielo le gusta lavarse.

ABC, jueves 23 de junio de 2011

*

Sobre el río, que no se detiene ni cuando está quieto, hay tres hembras de *Calopteryx splendens*. Van y vienen sobre la luz del **sol** en las hojas de un abedul. Los machos vuelan más a ras de agua, para que las hembras les miren.

ABC, martes 23 de agosto de 2011

*

Se oye ahora mismo un silbido muy tenue de pájaro. Si no fuera por esta manera apagada de cantar, podría ser hoy primavera. Quiero decir que ha amanecido a la misma hora, pues el inicio del otoño y de la primavera coinciden en esto: que el día y la noche duran lo mismo del ecuador a los polos: doce horas de luz y doce de oscuridad, tanto si lo que va a empezar es el otoño, como si lo que empezara fuera la primavera.

Se diría que todo participa de esta ilusión de que no ha comenzado el verano porque, ahora, al bucear, se ve el fondo lleno de peces diminutos que brillan azulados como si quisiera el mar volver un poco a empezar antes de que las aguas se enfríen del todo; y ya en tierra, bajo la parra, donde las uvas están maduras y se van al suelo donde también va a dar el rayo de sol entre las hojas, como si fueran los rayos del sol los que empujaran al suelo los frutos; pues bien, justo ahí, vienen a libar este jugo soleado del mosto bandadas de mariposas, con sortijas dibujadas, ocres y anaranjadas, que por un momento nos hacen creer que es primavera, hasta que te fijas en sus alas y ves que están un poco rotas, con un picotazo de pájaro mas de una, ya que estas mariposas han vivido ya lo suficiente y están buscando en el **sol** y las uvas sus últimas fuerzas, antes de dejar la puesta en su planta nutricia.

La hierba, que en estos días se había agostado, reverdece por la germinación de las semillas, igual que el ricial de los centenales segados, donde sale, del grano caído con la siega, una planta que ya no tendrá tiempo de dar a su vez grano, pero al menos dará verdor al rastrojo antes de que llegue la helada.

Se ven los primeros hongos, que son estrellados, y la tierra huele como cuando va a empezar todo. Pero no es primavera, es solo este regalo, esta dulce ilusión de la otoñada.

ABC, sábado 19 de septiembre de 2009

92

Solambrío

---

m. Terreno umbrío.

"Ni trigo de valle, ni leña de **solambrío** lo vendas á tu amigo"

El monitor de la Salud de las familias y la salubridad de los pueblos.
Del doctor D. Pedro Felipe Monlau
Tomo segundo
1859

93
Sombra

f. Caridad de los árboles en verano.

En las casas grandes gallegas se solía plantar un pino piñonero.

Por aquí cerca hay un ejemplar catalogado que tiene ya varios siglos y veinte metros de alto y una copa muy ancha con forma de sombrilla, casi de media esfera, de miriñaque en lo alto un tronco que crece recto, a resguardo junto a una suerte de pazo llamado la casa del panadero.

Se plantaban por aquí estos pinos más propios del Mediterráneo porque en la repostería gallega está muy presente el piñón y este pazo da piñones comestibles después de madurar durante tres años dentro de las piñas.

La copa del pino es tan ancha que sobrepasa las lindes de su finca, se asoma más allá de la casa a la que pertenece y sus piñas, que parecen casi de mentira de lo bien hechas que están, caen a un camino que no es de nadie, por lo que en esto me comporto como un corsario y, si me las encuentro cuando paseo, las considero mías. Ahora se suelen quedan las piñas en las ramas pero con el sol se abren y sueltan los piñones, que son más difíciles de ver porque tienen una cáscara recubierta por un polvillo muy oscuro, casi como una harina del color de la tierra.

Me trae el recuerdo este pino piñonero de cuando íbamos en coche con mis padres hacia la playa y parábamos buscando una **sombra** que, al final, como nos dirigíamos hacia el Mediterráneo, solía ser la calurosa sombra de alguno de estos pinos. Era mediodía, sonaban las chicharras y olía a resina. Junto al árbol, un letrero que decía: "No hacer fuego, peligro de incendio". Me pregunto si se habrán quemado estos pinos bajo los que estirábamos las piernas.

También en Roma, recuerdo pinos piñoneros por todas las vías y colinas, de ahí que me haga tanta gracia ver insertado en el Atlántico este árbol que ha unido durante siglos la bruma que sube desde los ríos con el dulce humo saliendo por las ventanas, ese olor a bizcocho llamado "mistura galega" hecho con manteca de vaca, leche, miga de pan y piñones.

Voy a mezclar yo también un poco de tierra y de arena para ver si germinan los piñones y regalarlos en macetas a mis amigos, que me preguntarán creyendo que es poca cosa. "¿Pero qué es esto?"

El pino de la casa del panadero.

ABC, sábado 2 de julio de 2005

*

Hace tanto calor, llega el aire tan seco, que dan ganas de prometerle a la hierba que lloverá, aunque sea mentira. Sólo se aguanta a la **sombra** de los castaños y bajo esas parras que tienen las casas al borde de las carreteras, donde los ancianos ven pasar los coches desde sus bancos de piedra. Están sentados bajo las uvas verdes cargadas de agua, racimos que encierran la prueba de que llovió un día.

ABC, martes 9 de agosto de 2005

Tierra

f. Planeta con vida del sistema solar.

La otra noche, un enjambre de pequeñísimos meteoritos, chocaron contra la atmósfera, deshaciéndose en estrellas fugaces cuyas estelas trazaron una clarísima trayectoria curva. El firmamento es infinito, profundo, un abismo, sí, pero el cielo de la **Tierra** es redondo como un bóveda.

ABC, miércoles 14 de agosto de 2002

*

Yo quise conocer el mundo, en realidad, lo quise todo, antes de saber, de aprehender con todo mi ser, la velocidad que lleva la **Tierra**.

Treinta kilómetros por segundo, se me quedó grabada la cifra. Lo cual significa que nos desplazamos a una velocidad aproximada de cien mil kilómetros a la hora; es decir, que yo aquí, sin moverme de casa, recorro millones de kilómetros por el Universo, y trazo con todo una órbita. Dicho así parecen datos de colegio, pero hay veces que la vida por alguna circunstancia te deja algún tiempo para pensar, yo creo que es la oportunidad que Dios nos da para que caigamos del guindo, y entonces te das cuenta de lo que viajas sin hacer nada, sólo viviendo, que incluso después de muerto, sigues dando vueltas, a treinta kilómetros por segundo.

Poco a poco, tras este sencillo descubrimiento, ya no le pides más a la vida que quedarte en el sitio el mayor tiempo posible, y se te antoja el no pasar nada de cada día, como lo mejor que te puede suceder en la Tierra.

Esta actitud, no tiene que ver con la vejez y la madurez y esas cosas, es sólo un antes y un después de ser consciente de cómo el sol va saliendo cada vez más hacia el Este, si es como ahora primavera, y te parece que nada puede haber más importante que este movimiento, que entraba el sol por la puerta de la cocina, y al día siguiente también por la ventana orientada al Norte.

A la observación, que no se obtiene más que estando quieto porque si no todo sería un puro mareo, se unen otros afanes de inmovilidad. Al principio, sólo afectan al trabajo, que incluso ascender resulta un disparate, comparado con el lujo de permanecer en el sitio.

Después miras tu casa, y te das cuenta de que no está tan mal, que no hay necesidad de ir a otra parte, y que tu marido es un encanto y que tus hijos, aunque no sean rubios y con los ojos azules, son los más guapos del mundo. Frente a la velocidad y el cambio y el viaje para ver algo nuevo, tú sólo quieres estarte quieta y contemplar lo hermosa que es tu propia vida, y este sol de la cocina conquistando la ventana que da al Norte.

ABC, sábado 26 de abril de 2003

95

Undoso, sa

Ondulante como el mar.

Lleva queriendo salir el sol desde que amaneció.

Esta lluvia es como un visillo muy fino que no llega a tapar del todo el sol; incluso se diría que lo refleja de manera que, más que sol, hay un resol, entre el agua.

Me contó Manuela hace unos días que para hacer los quesos necesita silencio.

En su casa siempre hay algún ruido de motor, ya sea el de la ordeñadora, o el del camión que viene a traer las pacas, o el de una motosierra. Pero no le molesta ninguno de estos sonidos hasta que se concentra para hacer el queso. Me recordó a Juan Ramón Jiménez del que leí que no soportaba para escribir el sonido del piano del vecino de al lado, por lo que gastó mucho dinero en poder aislarse, mientras pienso que quizás las notas encontrarían a pesar de ello un hueco para salir al aire, como este sol que, aunque no salga, está ahí, reverberando su luz entre las nubes.

Yo ahora oigo el ruido del lavaplatos, mientras afuera llueve, o hace el cielo que llueve, porque es ésta una lluvia tan fina que parece un visillo, un disimulo del agua, y se nota que el sol sigue ahí mismo, tras esa cortina de agua flotante, que casi parece una niebla, más que lluvia, y en la que cantan todos los pájaros cuyos cantos rebotan como la luz por lo que, además del resol, hay un resonar de sus voces de un lado al otro del aire, entre unas nubes que reproducen el eco de una cueva blanca, en vez de perderse por el valle.

Hay personas que creen que en Galicia llueve todo el rato, pero habría que hacer un inventario de lluvias porque no todas son iguales, y ésta de hoy es una lluvia que da calor al estar llena del sol que tenemos ahí mismo, respirando, disimulando, haciendo que es de primavera cuando ya es un sol de verano, aunque no haya podido aún asomar ni uno solo de sus rayos.

La hierba, que esta mañana amaneció tumbada, encamada, **undosa** como un mar detenido allí donde estaba alta, ha agradecido mucho este día tras el calor pasado, y también los caracoles que, silenciosos, avanzaban esta mañana por los tallos de los rosales silvestres, plenamente florecidos, mientras se llenaban de gotas de agua las telarañas.

Los mirlos son los que cantan más alto con esta lluvia que no lo es, y silban y su voz se abre paso como cuando anochece, y quieren decir el último silbo del día mientras de la tierra salen olores fuertes, de humus y de eucaliptos caídos, tantos que ya no reconozco algunos caminos.

A veces me detengo esperando que asome algo mas que una carriza que va y que vuelve, al notar en esta humedad el aliento de los animales entre la niebla cálida llena de agua que parece un vaho, pero no asoma ninguno y se pierde el camino y me pierdo yo todo lo que sé que está ahí mismo y que respira conmigo.

Quizás al atardecer, como un viento que se calma con el ocaso, asome sin más el sol, antes de dar por terminado el día.

republica.com, lunes 3 de junio de 2019

Universo

m. El Todo sobre la Nada.

La Tierra no es el centro del **Universo**, ni de la vida.

*

"Paso y me quedo, como el **Universo**".

En mi caso me quedo, una vez más, a las puertas, por esta manía mía de querer ver todo en lunes, que es cuando cierran.

Y aún así no quiero dejar de escribir de Pessoa, a propósito de la exposición recién inaugurada, inédita para mí, titulada "Fernando Pessoa en España", en la Biblioteca Nacional España, desde donde escribo ahora mismo sobre uno de los pupitres planos, el 155, en el que ya se ha encendido la luz pequeña, intermitente y roja que te avisa de que ya tienen el libro que has pedido, que me recuerda al florecer del avellano, toda flor es una luz, con su diminuta flor roja, algo siempre inesperado que estabas esperando.

Cerrada por hoy la exposición, abro el libro, "Cuadrivio", cuyo autor es Octavio Paz, antólogo de Fernando Pessoa, contándonos cómo y cuándo nació uno de los heterónimos de Pessoa, mi preferido, que es Alberto Caeiro, "El guardador de rebaños", el hombre, a decir de Paz, "reconciliado con la naturaleza":

"Ojalá mi vida sea siempre esto: /el día lleno de sol, o suave de lluvia, /o tempestuoso como si se acabase el Mundo".

Se podría pensar que Pessoa escribió estos versos sentado frente a una ventana, viendo llover y salir el sol al mismo tiempo, en un día indeciso de primavera, pero la realidad es que estos versos están escritos de pie, y seguidos, como si el tiempo no existiera, escribiendo al ritmo de esos otros segundos que son las letras cayendo como en un reloj de arena que no se detiene hasta que ha caído la última palabra que tenía que decirse, que es cuando el tiempo se acaba.

El nacimiento de Alberto Caeiro lo relata Octavio Paz transcribiendo un fragmento de una carta de Fernando Pessoa dirigida a Casais Monteiro:

"Un día, cuando finalmente había desistido –fue el 8 de marzo de 1914– me acerqué a una cómoda alta y, tomando un manojo de papeles, comencé a escribir de pie, como escribo siempre que puedo. Y escribí treinta y tantos poemas seguidos, en una suerte de éxtasis cuya naturaleza no podría definir. Fue el día triunfal de mi vida y nunca tendré otro así. Empecé con un título, *El guardián de rebaños*. Y lo que siguió fue la aparición de alguien en mí, al que inmediatamente llamé Alberto Caeiro. Perdóneme lo absurdo de la frase: en mí apareció mi maestro."

¡Y qué maestro! Hay verdades a las que llega antes la poesía que la ciencia, algunas entre estos poemas escritos de pie sobre lo alto de una cómoda. Precisamente por no querer saber ni pretender llegar a ninguna parte, llega:

"No sé qué es la naturaleza: la canto"

Y mi preferida: "La Naturaleza de ayer no es Naturaleza", que Pessoa unas veces escribe con minúscula y otras con mayúscula como si estuviera hablando de cosas distintas.

"Sentir a la vida correr por mí como un río por su cauce, /y ahí fuera un gran silencio, como el de un dios que /duerme".

O el silencio de quien lee a Pessoa en una biblioteca, mientras se nubla su cristalera.

Un silencio que pesa y que vuela.

republica.com, lunes 23 de junio de 2014

97
Verano

m. Estación de la infancia.

Mi padre compró una tienda de camping aquel **verano** en el que cayó la tormenta del siglo en Calpe. Recuerdo la voz de mi madre, despierta, despierta, y el colchón de aire flotando sobre el agua recién caída de los cielos alicantinos. Dormimos en el coche. Un rayo partió en dos una grúa de la playa, y se bañó en las olas. Volaron las tiendas del camping durante toda la noche como murciélagos azules, verdes, naranjas.

Nuestra tienda era azul, y se iluminaba de amarillos y de rojos por la mañana. Cuando amanecía, todo el camping se despertaba, no había de forma de permanecer ni un segundo bajo el calor de incubadora de la lona soleada. Mi tía y mi abuela, que siempre consideraron un poco ordinario eso de hacer camping, se instalaron en una preciosa venta, La Chata, desde cuya televisión vimos el alunizaje del Apolo. Nos enseñaban su habitación y sus camas, y su balcón bordeado de buganvillas como si estuvieran mostrando la civilización a unos indios.

Pero el camping tenía cosas buenas. Mi madre, todas las noches, preparaba una sopa de sobre mientras mis cinco hermanos y yo mirábamos como gorriones a los ingleses de al lado, dueños de una fábrica de caramelos. Pero nada era más dulce que la ducha al regresar de la playa. Yo esperaba mi turno: el jabón, el peine, y un traje de baño limpio en una mano; la silla plegable en la otra. Tras la ducha, abría la silla de tijera bajo un pequeño espejo, me subía, y me peinaba. Era el mejor momento del día. Acababa de librarme de la abrasadora mezcla de crema blanca y de arena que emergía de la bolsa de playa, como una amenaza, en un bote azul metálico. Me daba grima hasta el ruido que hacía la lata al cerrarse.

Mi abuela era la única que no se quemaba. Jamás en bañador, con sus vestidos camiseros, toda elegante, leía el periódico a la sombra, ni siquiera se mojaba los pies en la orilla. Supongo que todo aquello del sol y de la playa le parecía otra ordinariez, y yo le llevaba cubos de mar, y pedazos de caracolas. Una tarde me compró un libro cuajado de ilustraciones, "Los cuentos de Andersen", que conservé hasta que un amigo de mi marido me lo pidió para leérselo a su hija una noche de hace quince años. Ahora vive en Namibia. (Rafa, si lees esto, por favor: encuentra el libro).

De vez en cuando, el viento de levante, traía una frase a la playa: hay algas. Esta sentencia corría por la arena tanto como el propio viento: hay algas, hay algas, hay algas, hasta que se perdía el rastro del primero que lo dijo. Pero eran sólo hojas acintadas de una planta superior que da flores y da frutos bajo el agua salada, la *Posidonia oceanica* que vive en los fondos arenosos más limpios. Hay algas: es lo mejor que le puede suceder a una orilla.

Desde esa limpísima orilla, volvíamos al camping bajo un sol de justicia. Las toallas, las sombrillas, las gafas de bucear, las palas. Nada más tocar tierra firme, mi padre le compraba a mi madre una copa de esos zumos de naranja que dan vueltas como el mundo en una máquina. Con la boca seca, mirábamos a mi madre beberse hasta la última gota de naranjada, y yo pensaba que no podía haber una prueba de amor más grande que aquella de mi padre al pedir un zumo para aliviar a mi madre el torturador regreso de la playa.

Pero lo mejor sucedía al acabar las vacaciones. Sólo un poco antes de alcanzar la máquina del zumo, mi padre, apesadumbrado ya por la lejanía marina, tiraba de pronto todo a la humeante arena: aletas, gafas, toallas, sombrilla, y salía corriendo hacia el mar, gritando: el último baño. Menos mi madre, todos le seguíamos. El último baño. Y llegaba el otoño.

*

A la huerta se bajaba por unas escaleras muy estrechas.

Antes, abrías la puerta que daba a la calle, con su acera y su carretera y sus coches que pasaban, una puerta metálica sobre un muro blanco, enmarcada toda de añiles y con una cuerda que colgaba y que estaba allí para que tirases y abrieras desde fuera la puerta de la huerta, y vieras todo el verdor desde arriba: las copas de los árboles, la fuente, los caparrones, la chopera, el Najerilla, todo parecía al revés: arriba el infierno, abajo el paraíso.

Según bajabas por la escalera, iba descendiendo contigo la temperatura, medio grado por escalón, y dejabas atrás el sofocante mediodía riojano, y te acercabas a la tierra por donde siempre corre el agua, la tierra bendita, cantando en cada lugar una canción distinta.

Lo primero que se oía, era el ruido vidrioso del agua que chocaba contra el vino puesto a enfriar en la fuente, junto a unos culantrillos que vivían entre las dos paredes del manantial, como poemas escritos entre paréntesis.

Ahora me parece mentira que se pudiera oír el agua por encima de todas las voces y de todos los ruidos, teniendo en cuenta que había también en la huerta una piscina, a la que nosotros nos dirigíamos, como nómadas de un desierto interminable, con el bañador ya puesto, y la toalla al hombro. Pero, es cierto, por encima de todo y de todos, se oía el agua, la fuente, las acequias, el río y, hasta el rumor de las hojas de los árboles, repetía el ruido del líquido que bebieron por sus raíces.

98
Verdear

Tornarse verde un fruto, un paisaje, un cultivo, una hierba, un árbol, un bosque, un agua o una flor.

La tierra manchega del Carrascalillo es roja como los espolones de las perdices, y hace aguas como el mar, por las lomas sembradas de trigo.

Amaneció ayer tan despejado, tan sin nada entre el sol y los trigales de surcos rojos, que todo parecía inventarse nubes por el suelo, y no era más que el rocío, o el trigo **verdeando**, o el nubarrón oscuro que es la sombra de una encina clavada al sembrado y que empero, sigilosa, no deja de moverse, anunciando que el mundo da otra vuelta. En el monte, las voces de los ojeadores se mezclan en el aire con las aves que también quieren nublar el cielo, y no se sabe qué es más antiguo, más salvaje, si la voz del pájaro o la del hombre.

De los jaguarzos, se levantan las perdices volando desde tus pies hasta el cielo y se pierden hacia el sembrado en línea recta, como otro surco rojo de la tierra. Los conejos se agazapan entre los chaparros que ramonean hasta la altura de su boca convirtiéndolos en una suerte de bosque donde el sol, que aquí es todopoderoso, no entra.

Un bando de abejarucos vuela sin querer migrar, como si también hubieran apreciado la generosa hospitalidad de Mar, Rafael, Teresa y Rafa. Dan ganas de quedarse a mirar cómo dan las horas, siendo lunes, la sombra de las encinas.

ABC, lunes 11 de noviembre de 2002

99

Verdegay

Dicho del color verde claro, tierno como el primer verdor de la hoja en primavera.

Los nombres de los colores me parecen un regalo.

Ayer estuve viendo, por casualidad, unos videos grabados por Julián Marías, donde todo seguido, sin un solo apunte, iba hablando de la felicidad, y en otro de la ilusión, casi siempre mirando de frente a la cámara, con total seriedad, por la gravedad de los asuntos que trataba, pero a su vez con una media sonrisa un poco socarrona, como para que le escucháramos sin tomarle demasiado en serio, o como para dejar algo de aire entre su opinión y la nuestra.

Pues bien, además de usar un lenguaje muy rico, nos hacía ver la importancia de la riqueza del lenguaje, que hubiera palabras en nuestro idioma que pudieran designar incluso colores como "pajizo" que en otras lenguas precisarían del empleo de muchas palabras para ver ese tono amarillo. Luego hablaba de un costurero de un poema de García Lorca que he buscado ahora pero que Marías recitaba, sin tenerlo preparado, de memoria, con su media sonrisa… "La regalé un costurero/ grande de raso pajizo" …y del que ahora me doy cuenta que son los versos de un poema muy conocido, "La casada infiel" que se llevó, creyendo que era mozuela, un gitano al río.

Desde que comprendí que, verdaderamente, no apreciamos un color en toda su dimensión hasta que se nombra, me los voy encontrando por todas partes, como si hubiera abierto la puerta de un mundo nuevo, en el que se mezclan las tonalidades y las letras, la pintura y la literatura, los matices con el rotundo negro sobre blanco de la escritura.

Y así esta mañana, mientras buscaba información sobre las jaras en "El Dióscorides renovado" de Pío Font Quer, me encuentro que verdegay es el color verde claro.

Indagando después, descubro que nada tiene que ver su etimología con el anglosajón "gay" sino con una lengua romance, derivada del latín, que le otorga el significado de alegría, luego verdegay es el verde de las plantas al brotar en primavera.

Hace unos días, lo observé por los montes, quedándome asombrada con la intensidad de ese nuevo color verde en los robles y los castaños, efectivamente, lleno de alegría, entre los cerezos florecidos de blanco.

Y ahora que puedo describirlo con el adjetivo preciso, empiezo a comprender aquel paisaje.

Verdegay.

El verde claro, verde nuevo, de árboles que tienen siglos.

Como las coloreadas palabras.

republica.com, lunes 2 de mayo de 2016

100
Verdiazul

Se dice del color, entre el verde y el azul, de las cianobacterias o algas verdiazules. Se aplica también para el colorido de algunos insectos como la cigarrilla, aves como la carraca, o árboles como el olivo.

La cordillera de los Andes tiene estos días el rojo de Marte y unas salpicaduras de nieve en las cumbres como si Pollock le hubiera echado unos brochazos.

Tiene la cordillera esa belleza de los lugares deshabitados, donde se diría que no medra más vegetal que las algas **verdiazules** de sus lagunas. La vida humana aparece después, a lo largo de los ríos, donde se aprecia que el hombre puede ser más sencillo que un insecto ya que en vez de los hexágonos que construyen las abejas, hace cuadrículas con sus campos, aunque en Chile tienen el detalle de rodearlos de alamedas donde anidan los pájaros que acompañan con sus cantos a la cosecha. Las primeras aves que vuelan, son una suerte de avefrías sin moño, parecidas a las nuestras pero con esas diferencias que marca la distancia en las especies.

La ciudad de Santiago es larga como la cordillera y sigue el curso del río Mapocho y la entrada tiene el brillo de la hojalata que es el brillo, en las ciudades ricas, de la pobreza. En el día de Navidad se respiraba la paz del lugar que ha dejado de ser noticia, y toda la ciudad tenía un aire cansado de tornaboda, aunque el Mercado Central estaba abierto y en él se vendían pescados y mariscos, y frutas de verano. Un poco más allá, se calentaba al sol la estatua ecuestre del conquistador extremeño Pedro de Valdivia, al que cortaron los brazos y la vida los araucanos, tras luchar contra ellos otro veinticinco de diciembre.

No hubo manera de que el taxista se definiera: "Pinochet hizo cosas buenas, pero también hizo cosas muy malas".

Cuando se abandona Chile, se ve el Aconcagua por la derecha.

Junto a las montañas, qué pequeña es la política.

ABC, viernes 29 de diciembre de 2006

101
Verdín

m. Pátina de algas, musgos o líquenes.

Hay que nombrar los árboles, las flores, los pájaros hasta que las sílabas verdeen como las patatas que se orean a la luz de la luna; hay que poner los nombres en la calle, a la intemperie, un nombre detrás de otro: abedul, tornasol, lavandera… hasta que cojan el **verdín** de las fuentes.

Que no se parezcan a esas casas en las que nada más poner los pies en la entrada se nota que no se viven, donde la chimenea está limpia, quemada de soledad, y la cocina, a falta de olor a verdura, ha terminado por parecerse a la mesa del comedor donde no se come y a las alfombras que no se pisan.

Cuando escribo en voz alta las palabras que nombran la vida, tengo la impresión de usar cubiertos antiguos, una de esas cuberterías buenas, de plata o de alpaca, que, tras la herencia han terminado sus días debajo de la cama, o encima de un armario, todos los cubiertos en su caja. Ordenados para la nada.

El verdín que quisiera para estas palabras es ese de color verde muy claro, ese verdín tan corriente que se puede ver en casi todas las piedras de las ciudades: por encima de la piedra si el ambiente es húmedo, dentro, si el clima es seco.

También vive sobre la corteza de los árboles que hay en las avenidas y los parques. Quiere el lado del banco que da al norte, pero también puede estar al sur, o al este, o al oeste, dependiendo de si hay una boca de riego cerca, o un magnolio que da sombra todo el año y hace de aquel lugar, un mundo aparte. A veces sale verdín en esos trozos de acera que se quedan debajo de un banco, y donde nadie pisa, o en medio de los adoquines, en el abismo que se abre entre uno y otro: en cualquier lugar donde pueda beber el agua del aire, aunque sólo sea la del rocío, aparece el verdín con la misma terquedad colonizadora que tuvo desde el principio de los tiempos.

Tiene gracia la forma en que llega a un lugar nuevo, y quien estrena una valla de castaño, y se afana en ponerle brea para que dure toda la vida, ve cómo, al cabo de poco tiempo, aparece el verdín volando por el aire, o en las alas de un pájaro, que no tiene por qué ser verde como el verderón, y convierte lo oscuro en claro. En verde claro.

Este sistema de dispersión de las algas verdes microscópicas es habitual en los arroyos que se secan en verano, en cuyo curso se quedan durante el estío las esporas de las algas, tan ligeras, que se las lleva el viento a otra parte y, en cuanto reciben agua, empiezan de nuevo a incorporar oxígeno a la atmósfera: esa cualidad con la que estos seres diminutos, entre otros, cambiaron todo el aire de la Tierra aunque, al respirar, o al mirar el verdín, ni siquiera lo recordemos.

Pero hay verdín hasta en la nieve, donde el profesor Cambra recoge en los Pirineos manchas verdes en la nieve helada. Y hay verdín en las marismas, y bajo la corriente de los ríos, y en las paredes de las cuevas.

Las palabras que nombran los árboles, las flores, los pájaros, no pueden vivir en el vacío que llena casas enteras: hay que ponerlas al sol, a la lluvia, y al frío hasta que se estropeen si es necesario, pero hay que usarlas, hay que vivirlas; ojalá llegue el verdín a sus vocales.

Vida

f. Fuerza de la Naturaleza.

La biología no ha respondido aún a su primera y principal pregunta: ¿qué es la **vida**?

Creo, y lo creo y lo escribo desde el punto de vista científico, que, sencillamente, la respuesta no está en la Tierra, porque tampoco en ella está su origen.

La observación de la Naturaleza nos lleva al pensamiento de que la vida presenta todos los síntomas de haber sido sembrada desde fuera, desde algún remoto lugar aún desconocido, y da la impresión de que, en mil maneras diferentes, está la Naturaleza contando siempre lo mismo, en el terraplén vacío que se llena de tojos, en los escombros recién derruidos sobre el que florecen los jaramagos, como el que ensaya decir algo una y otra vez con frases distintas.

Un discurso similar que se pone de manifiesta cada primavera con más dificultad, pero con la misma fuerza que al principio, pues la voluntad de conquista permanece intacta, y sigue y prosigue la vida como en sus inicios colonizando la Tierra.

Viento

m. Corriente transparente y bulliciosa de aire.

El escritor de artículos es alguien que se ha dejado media vida en alguna parte y, de perdidos al río, escribe.

Al contrario que el escritor de libros, que ansía la inmortalidad, al escritor de artículos le gusta mirar hacia atrás y no ver más que una bandada de hojas que salen volando enseñando el haz y el envés como las amarillas hojas de los abedules.

El escritor de artículos es un loco que tira billetes desde una ventana, sin detenerse a mirar si son falsos o verdaderos. A veces, un señor desde la calle recoge lo que ha tirado y le devuelve los artículos encuadernados en un librito de 40 gramos y el escritor sonríe y se emociona y deja el ejemplar único, de adorno, en alguna parte de la casa, como una miniatura de porcelana. Y sigue escribiendo.

Al escritor de artículos, a veces le piden artículos de otros sitios, y cuando se lo piden, le solicitan un "articulillo", aunque el escritor de artículos llama a todo artículo, cree que el número de palabras no guarda una relación aritmética con su peso. Pero esto no hay que tenerlo en cuenta porque el escritor de artículos no domina las matemáticas, nunca se para a hacer las cuentas. Como al pobre, sólo le molesta que le cambien de esquina.

La dispersión, no la entiende. El escritor de artículos es todo lo contrario del hombre orquesta, sólo sabe hacer una cosa, aunque suene a mil músicas. Y le gusta estar siempre en el mismo sitio, que si alguien quiere leerle, sepa dónde encontrarle, porque en ese encuentro de la palabra y los ojos, es donde vive.

Casi todo lo que hace son flores silvestres, cada una con su tiempo, su luz y su temperatura, por eso, si se quiere matar al escritor de artículos, el método más fácil es pedirle varios artículos juntos y adelantados varios meses, porque vive del día a día.

Bajo los pies del escritor de artículos, en sus antípodas, están los satisfechos por el trabajo terminado con antelación, y esta suerte de acumulación es algo que no cabe en la cabeza del escritor de artículos, porque la vida está vacía, si ya se tiene todo escrito. En ocasiones, se entrelazan de tal manera su trabajo y su vida, que escribe como respira, y hasta la fecha de hoy ya se sabe que nadie ha sido capaz de respirar todo junto y por adelantado.

El escritor de artículos se siente como si hubiera extraviado un niño en ese intervalo que va desde que entrega un trabajo hasta que lo ve publicado, que es el momento en el que el artículo cae como una hoja, y a otra cosa mariposa. Si pudiera, el escritor llevaría de las manos sus palabras hasta la rotativa, para ir corrigiendo por el camino, porque al escritor de artículos no le importa que las palabras se las lleve el **viento**, sino que emprendan las palabras el vuelo sin haber escrito un buen artículo.

Al escritor de artículos, pocas cosas le duelen más que felicitar la Navidad un mes antes. Pero lo hace con muchísimo gusto: feliz Navidad, feliz Año Nuevo.

Artículos sentimentales, 2008

104
Viñedo

m. Campo de vides.

El tiempo es arte puro, si no lo tocamos.

Eso pensaba esta mañana, recordando el paseo que di hace unos días con mi nieta Gabrielle, para ir a ver si habían abrochado los **viñedos** de Montmartre.

A pesar de la calidez del día, bajo un cielo azul en el que las cúpulas de la basílica del Sacré Coeur parecían aún más blancas, no había mucha gente, pero sí tres personas en la esquina de los viñedos, por la rue des Saules con Saint-Vincent, donde un jardinero, o quizás un enólogo, que parecía la reencarnación de Van Gogh, charlaba como hacen en el campo, apoyado el brazo en el sacho, a través de la malla verde que separa, sin ocultar, el viñedo de la calle, con los tres viandantes que deambulaban como yo.

Puede que esta esquina, desde donde se ven las viñas, bajando por la ladera de la colina y orientadas de tal manera que dan el vino más tarde, es la parte que más me gusta de Montmartre, con su cabaret del Lapin Agile al fondo, pintado de verde y con esa cerca de cuento, como es toda esta parte del barrio, que no parece real, de lo verdadera que es.

Me asombra por aquí la sencillez del cercado de las casas. A veces no es más que una barra de hierro pintada de verde o de azul con alambres, donde se enreda una parra virgen cuyos racimos, de uvas ya secas, cuelgan por delante de una puerta de un azul tan celeste como el mismo cielo. Número veinticuatro. No hay nada en ello y está toda la belleza contenida de los siglos que no se han tocado. Porque a lo mejor la casa no es que tenga muchos siglos, pero han transcurrido despacio por ella y lo más que se ha hecho es cambiar, quizás, el color de la puerta, mientras la parra virgen se enredaba por los alambres que hoy son puro arte de hojas que quedan del invierno, de uvas que no se han comido los pájaros, de sarmientos retorcidos y secos, pero ¡tan vivos!, esperando la primavera.

El viñedo, ya es otra cosa. Puro cultivo. Cuidadísimo. Y tiene su razón de ser porque son los últimos de los primeros que había en Montmartre al menos desde el año 944, aunque estos que vemos hoy se plantaron en 1933, tan tiernos que cuando se celebró la primera vendimia hubo que colgar racimos traídos de Les Halles, donde compro yo hoy la fruta, para colgarlos de los sarmientos que aún no habían dado la uva.

Cuentan que este terreno entonces era un jardín que se llenó de maleza y que pertenecía a la casa donde vivió Aristide Bruant, poeta, comediante y dueño de los mejores cabarets de Montmartre, el cantautor de la capa negra y la bufanda roja que inmortalizó en un inolvidable cartel Toulouse-Lautrec, quien frecuentaba, además de los cabarets de Bruant, el jardín de esta casa donde también pintó Renoir. Su columpio, o al menos el lugar donde fue pintado, sigue en lo que hoy es el museo de Montmartre y que quizás es el que más me gusta de todo París, porque la vista de estos viñedos, desde las ventanas del museo, es magnífica. Como es magnífica su historia, ya que se plantó este viñedo para defender la tierra con un ejército de vides, del desarrollo urbanístico que había ido engullendo poco a poco los molinos y los huertos y las viñas.

París, aunque no lo parezca, tiene un alma agrícola, que ha empezado a emerger por las calles y las plazas; y así en los alcorques de los parques y las calles, te asombra ver que no hay sólo flores, sino también calabazas y judías verdes y alcachofas que han empezado a plantar para reconciliar la ciudad con el campo.

Yo siempre soñé, más que una calle peatonal, que hubiera una calle donde se sembrara el trigo y hubiera amapolas y plantas arvenses y pudiera andar entre la hierba alta, sin segar, en mitad de una calle por la ciudad. Poder ver, aunque sólo fuera por unos años, el contraste del rígido edificio con el ondular del trigo y el canto de las codornices en verano.

Sé que esto es soñar pero hay veces que los sueños tienen una fuerza inmensa, como aquellos que soñaron un viñedo para que nadie construyera, y ahí están las vides hoy, creciendo y dando vino todos los años, y haciendo fiestas de la vendimia, mientras la ciudad, abajo, mira hacia lo alto, que es donde flotan los sueños, sobre esta colina, que ha conseguido que el tiempo pase de otra manera, sin arrollar, dejando frutos y felicidad y vino y rosas para Gabrielle.

FIN

En el Lugar de Carraceda,
sábado 14 de septiembre de 2019

Gabrielle Seoane Bautian con su abuela, Mónica Fernández-Aceytuno, en el 49 de la rue Lepic, Montmartre, París, enero de 2019

Mónica Fernández-Aceytuno nace el 4 de mayo de 1961 en Villa Cisneros, Sáhara Español. Licenciada en Ciencias Biológicas por la Universidad Complutense decide, tras vivir medio año en Alaska, dedicarse a la divulgación de la Naturaleza, instalándose a su regreso en la aldea gallega de los antepasados de su marido e hijos, desde donde escribe para la Prensa, labor por la cual recibió en 2003 el Premio Nacional de Medio Ambiente, entre otros reconocimientos. Dirige los microdocumentales sobre la fauna y flora española Clips Natura Fundación Aquae, además de seguir escribiendo artículos mientras cultiva lo que denomina la Tercera Rama: "Existe una Tercera Rama, entre las rama de las Ciencias y la rama de las Letras, donde anidan los pájaros". Desde el 3 de mayo de 2012 elabora la obra en curso "Diccionario Aceytuno de la Naturaleza" cuyos términos se pueden consultar en la web de www.aceytuno.com.